高等职业教育"互联网+"新形态一体化系列教材
城市轨道交通类高素质技术技能型人才培养教材

# 轨道交通计算机联锁
## 维护工作手册

主　编 ◎ 张　艳　肖　曼
副主编 ◎ 吴雄升　熊　丰　令小宁
参　编 ◎ 邝香琦　段　锐
主　审 ◎ 李俊娥

华中科技大学出版社
http://www.hustp.com
中国·武汉

图书在版编目(CIP)数据

轨道交通计算机联锁维护工作手册/张艳,肖曼主编. —武汉:华中科技大学出版社,2021.11
ISBN 978-7-5680-7723-1

Ⅰ.①轨… Ⅱ.①张… ②肖… Ⅲ.①城市铁路-铁路信号-联锁-检修-手册 Ⅳ.①U239.5-62
②U284.36-62

中国版本图书馆 CIP 数据核字(2021)第 238677 号

## 轨道交通计算机联锁维护工作手册　　　　　　　　　　　张　艳　肖　曼　主编
Guidao Jiaotong Jisuanji Liansuo Weihu Gongzuo Shouce

策划编辑：张　毅
责任编辑：刘　静
责任监印：朱　玢
出版发行：华中科技大学出版社(中国·武汉)　　电话：(027)81321913
　　　　　武汉市东湖新技术开发区华工科技园　　邮编：430223
录　　排：华中科技大学惠友文印中心
印　　刷：武汉市籍缘印刷厂
开　　本：787mm×1092mm　1/16
印　　张：7
字　　数：172 千字
版　　次：2021 年 11 月第 1 版第 1 次印刷
定　　价：30.00 元

本书若有印装质量问题,请向出版社营销中心调换
全国免费服务热线：400-6679-118　竭诚为您服务
版权所有　侵权必究

# 前　言

　　本书由武汉铁路职业技术学院、柳州铁道职业技术学院专任教师和企业电务专家共同编写。本书中的内容按照铁道信号自动控制、城市轨道交通通信信号两个专业实训条件建设标准，紧密贴合工作岗位量身定做，书中所涉及的设备均以铁道信号自动控制专业实训条件标准设备为载体。本书中的所有内容均具备完备的训练条件，学生可依据本书完成全部实操内容，为初学者大大降低了入门难度。

　　本书包括四个项目：项目1"ILOCK模式联锁界面操作"、项目2"电务作业标准化防护及登记和销记"、项目3"DS6-K5B型计算机联锁系统维护"、项目4"TYJL-Ⅱ型计算机联锁维护手册"。本书由张艳和肖曼任主编，由吴雄升、熊丰、令小宁任副主编，邝香琦、段锐参与了编写工作，全书由李俊娥主审。本书具体编写分工如下：项目1由熊丰和令小宁编写，项目2由肖曼编写，项目3由张艳和吴雄升编写，项目4由张艳编写，邝香琦、段锐负责资料收集、标准确认、校稿、视频脚本制作等工作。本书将计算机联锁设备维护要点以工作手册的形式整理编写，并设置了和一线贴合的任务清单，学生只要按照任务清单学完相应内容，即可掌握相关理论知识和实践技能。武汉铁路职业技术学院2018级学生唐晓军、高畅、郭泽华、赵思博、王志、李娜也参与了编写并进行了大量的视频制作和图片编辑工作，在此表示衷心的感谢。

　　由于作者水平有限、时间仓促，书中难免有描述不正确或者不准确的地方，欢迎大家批评指正！

# 目 录

**项目 1　ILOCK 模式联锁界面操作** ⋯⋯⋯⋯⋯⋯⋯⋯⋯⋯⋯⋯⋯⋯⋯⋯⋯⋯⋯⋯⋯ 1

　任务 1　计算机联锁控制台界面认知 ⋯⋯⋯⋯⋯⋯⋯⋯⋯⋯⋯⋯⋯⋯⋯⋯⋯⋯⋯ 2

　任务 2　计算机联锁系统的操作 ⋯⋯⋯⋯⋯⋯⋯⋯⋯⋯⋯⋯⋯⋯⋯⋯⋯⋯⋯⋯⋯ 6

**项目 2　电务作业标准化防护及登记和销记** ⋯⋯⋯⋯⋯⋯⋯⋯⋯⋯⋯⋯⋯⋯⋯⋯ 15

　任务 1　"行车设备施工登记簿"登记和销记 ⋯⋯⋯⋯⋯⋯⋯⋯⋯⋯⋯⋯⋯⋯⋯ 16

　任务 2　安全防护流程 ⋯⋯⋯⋯⋯⋯⋯⋯⋯⋯⋯⋯⋯⋯⋯⋯⋯⋯⋯⋯⋯⋯⋯⋯ 24

**项目 3　DS6-K5B 型计算机联锁系统维护** ⋯⋯⋯⋯⋯⋯⋯⋯⋯⋯⋯⋯⋯⋯⋯⋯⋯ 41

　任务 1　DS6-K5B 型联锁机柜认知实训 ⋯⋯⋯⋯⋯⋯⋯⋯⋯⋯⋯⋯⋯⋯⋯⋯⋯ 42

　任务 2　DS6-K5B 型联锁机柜开机实训 ⋯⋯⋯⋯⋯⋯⋯⋯⋯⋯⋯⋯⋯⋯⋯⋯⋯ 55

　任务 3　DS6-K5B 型计算机联锁系统电气标准化检修 ⋯⋯⋯⋯⋯⋯⋯⋯⋯⋯⋯ 59

**项目 4　TYJL-Ⅱ型计算机联锁维护手册** ⋯⋯⋯⋯⋯⋯⋯⋯⋯⋯⋯⋯⋯⋯⋯⋯⋯ 75

　任务 1　TYJL-Ⅱ型联锁机柜认知及巡视 ⋯⋯⋯⋯⋯⋯⋯⋯⋯⋯⋯⋯⋯⋯⋯⋯ 76

　任务 2　TYJL-Ⅱ型计算机联锁系统集中检修 ⋯⋯⋯⋯⋯⋯⋯⋯⋯⋯⋯⋯⋯⋯ 86

# 项目 1
# ILOCK 模式联锁界面操作

### 项目描述

熟悉和掌握计算机联锁控制台的操作技能是对计算机联锁系统进行维护的基础。通过对本项目中两个任务的学习,学生应能够掌握计算机联锁控制台的各种操作办理方法,能够理解控制台界面各种按钮的设置及各种显示内容。

### 岗位技能要求

铁路特有工种技能培训规范《铁路信号工(车载信号设备维修)》中级工技能要求之:能操作控制台。

### 岗位职业守则

(1)遵守法律、法规和有关规定;
(2)爱岗敬业,具有高度的责任心;
(3)严格执行工作程序、工作规范、工作技术标准和安全操作规程;
(4)工作认真负责,具有高度的责任感和良好的团队合作精神;
(5)爱护设备及工具、仪器、仪表;
(6)着装整洁,符合规定;
(7)保持工作环境清洁有序,文明生产;
(8)刻苦学习,钻研业务,努力提高技术文化素质。

# 任务 1　计算机联锁控制台界面认知

本任务的目标是:能够正确解读计算机联锁控制台界面的显示内容及意义。

## 任务 1.1　计算机联锁控制台界面认知工作清单

计算机联锁控制台界面认知工作清单如表 1.1 所示。

表 1.1　计算机联锁控制台界面认知工作清单

| 工作内容 | 工作笔记 |
| --- | --- |
| 认识标题栏 | |
| 认识工具栏 | |
| 认识信号机名称及状态 | |
| 认识轨道区段显示名称及状态 | |
| 认识道岔号和道岔状态 | |
| 认识按钮作用和指示意义 | |
| 认识并调阅计数器 | |
| 认识各种状态指示灯 | |
| 认识信号机名称及状态 | |

## 任务 1.2　计算机联锁控制台界面认知工作手册

### 一、站场界面

站场界面如图 1.1 所示。它主要包括以下几个部分。

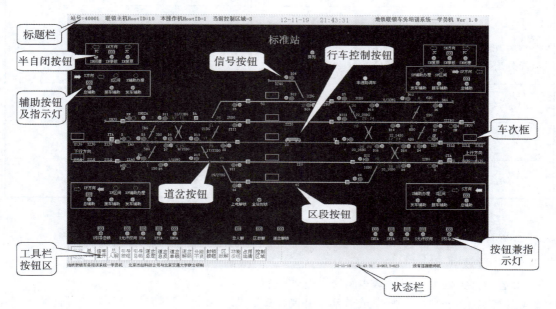

图 1.1　站场界面

(1)标题栏：显示站号、当前控制区域、日期、时间、版本号等。
(2)工具栏：包含各种功能按钮主键，只有配合使用这些按钮才能对站场进行操作。
(3)信号机：显示信号机名称及当前信号机状态。
(4)轨道区段：显示区段名称及当前轨道状态。
(5)道岔：显示道岔号和道岔当前状态。
(6)按钮指示灯：兼作按钮和指示灯用。
(7)计数器：记录相应按钮操作次数。
(8)指示灯：状态指示灯，如排列指示灯(排列进路时红闪)。

### 二、屏幕显示含义

**1. 轨道区段**

轨道区段的屏幕显示含义如表 1.2 所示。

表 1.2　轨道区段的屏幕显示含义

| 状态 | 描述 |
| --- | --- |
| 空闲 | 蓝色光带 |
| 进路锁闭 | 白色光带 |
| 有车占用或故障 | 红色光带 |
| 进路初选状态 | 青色光带 |
| 车列出清区段后尚未解锁或分路不良的锁闭区段 | 绿色光带 |
| 办理列车进路,始端或终端按钮按下,进路尚未排通 | 白色闪烁 |
| 办理总人解 | 红色闪光 |
| 显示全部信号名称 | 白色 |

**2. 道岔**

(1)外形显示。
①道岔岔尖处无缺口一侧表示道岔开通位置。
②道岔岔尖处缺口一侧表示道岔未开通位置。
(2)位置状态表示。
道岔的位置状态显示如表 1.3 所示。

表 1.3　道岔的位置状态显示

| 状态 | 描述 |
| --- | --- |
| 道岔定位或反位 | 与所在区段显示一致 |
| 道岔单锁 | 道岔名称显示红色 |
| 道岔正在转换 | 黄色闪光 |
| 道岔四开 | 无显示 |
| 道岔挤岔 | 红色闪光 |

## 3. 列车信号

屏幕上会显示列车信号的名称和状态。屏幕上显示的列车信号的状态如表 1.4 所示。

表 1.4　屏幕上显示的列车信号的状态

| 状态 | 描述 |
| --- | --- |
| 按规定速度由正线通过车站 | 绿色 |
| 准许向区间发车，前方只有一个分区空闲 | 黄色 |
| 引导信号开放 | 红白 |
| 信号关闭，停车 | 红色 |
| 按钮闪烁（进路始端、终端按钮） | 黄闪 |

# 任务 2　计算机联锁系统的操作

本任务的目标是:能够进行计算机联锁系统操作。

## 任务 2.1　计算机联锁系统的操作工作清单

计算机联锁系统的操作工作清单如下。
(1)解锁工作界面,取得操作权。
(2)办理列车进路、正常取消进路、人工解锁进路并记录操作按钮(见表 1.5)。

表 1.5　办理列车进路、正常取消进路、人工解锁进路相应的操作按钮

| 序号 | 列车进路、正常取消进路、人工解锁进路 | 操作按钮 |
|:---:|:---:|:---:|
| 1 | 上行接车进路 | |
| 2 | 上行发车进路 | |
| 3 | 上行通过进路 | |
| 4 | 上行变通进路 | |
| 5 | 下行接车进路 | |
| 6 | 下行发车进路 | |
| 7 | 下行通过新路 | |
| 8 | 下行变通进路 | |
| 9 | 引导接车进路 | |
| 10 | 引导总锁闭条件下的引导接车进路 | |
| 11 | 取消进路 | |
| 12 | 人工延时解锁进路 | |

(3)办理调车进路并记录操作按钮(见表1.6)。

表 1.6  办理调车进路相应的操作按钮

| 序号 | 调车进路 | 操作按钮 |
| --- | --- | --- |
| 1 | 以单置调车信号机为终端 | |
| 2 | 以差置调车信号机为终端 | |
| 3 | 以并置调车信号机为终端 | |
| 4 | 以尽头线调车信号机为终端 | |
| 5 | 以列车兼调车信号机为终端 | |
| 6 | 以进站信号机内方带调车信号机为终端 | |
| 7 | 中途折返作业 | |
| 8 | 长调车进路 | |

(4)能够操纵道岔。
(5)能够单锁道岔、解锁道岔。
(6)能够仿真接近锁闭并对接车进路进行人工解锁。
(7)能够仿真轻车跳动并使用故障解锁进行区段故障解锁。
(8)能够重开信号。

## 任务 2.2　计算机联锁系统的操作工作手册

### 一、系统基本操作

(1)第一步:取得操作权。

用鼠标左键单击工具栏最右侧的"控制区域"按钮,出现如图1.2所示的对话框。

在"切换控制区域"对话框内勾选"控制区域1"复选框,然后单击"确定"按钮,车站即取得学员机操作权。

获取操作权

(2)第二步:解除"引导总锁闭"。
①用鼠标左键单击工具栏中的"引导总锁"按钮;
②在弹出的密码窗中输入第一重密码"1111",输入正确后输入第二重密码"2222";

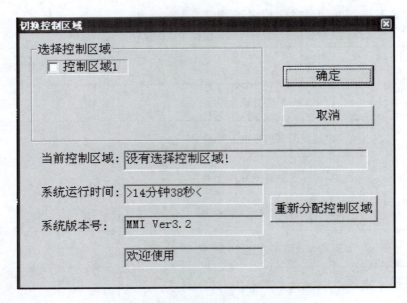

图 1.2 "切换控制区域"对话框

③单击"确定"按钮,此时"引导总锁"按钮显示灰色;

④用鼠标左键单击屏幕左下方"X 引导总锁"和"Y 引导总锁"的按钮指示灯,两"引导总锁"按钮指示灯显示灰色;

⑤道岔岔尖处红色圈消失。

(3)第三步:解除"全站封锁"。

①用鼠标左键单击工具栏中的"功能按钮"按钮;

②用鼠标左键单击屏幕下方中部的"全站封锁"按钮指示灯;

③屏幕上弹出密码窗,输入相应的密码"1111";

④"全站封锁"按钮指示灯消失。

(4)第四步:办理"上电解锁"。

①用鼠标左键单击工具栏中的"功能按钮"按钮;

②用鼠标左键单击屏幕下方中部的"上电解锁"按钮指示灯;

③屏幕上弹出密码窗,输入相应的密码"1111";

④"上电解锁"按钮指示灯消失。

完成上述步骤后,系统可以正常操作了。

 **注意**

(1)如果不使用按压"上电解锁"按钮指示灯的方法,则也可通过"区故解"按钮来逐个解锁各个区段,达到解锁全站所有区段的目的;

(2)"上电解锁"按钮指示灯必须在亮红灯后 8 分钟内进行操作,超时后该按钮指示灯将自动消失,这时必须通过"区故解"按钮来逐个解锁各个区段,达到解锁全站所有区段的目的。

## 二、进路作业操作

### 1. 基本进路的办理

操作方法:将工具栏中"进路建立"按钮 按下,先单击进路始端按钮,再单击进路终端按钮。列车进路始端、终端按钮为方形绿色按钮,调车进路始端、终端按钮为圆形灰色按钮。

例如办理以 X5 为始端的列车进路的操作:

(1)单击始端按钮 X5 方形按钮,此时所有可以排列进路的终端按钮呈黄色并闪烁;

(2)单击黄色闪烁终端按钮,本例单击 SN 终端。

办理以 X5 为始端的列车进路时的显示如图 1.3 所示。

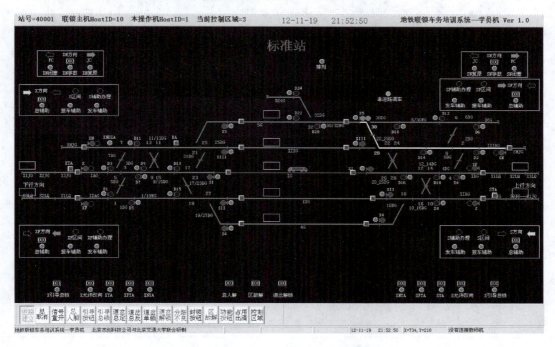

图 1.3 办理以 X5 为始端的列车进路时的显示

上行发车

上行接车

下行发车

下行接车

### 2. 列车通过进路的办理

对于列车通过进路,可一次办理,也可分段办理。

例如办理 X 方向的通过进路,可采用以下三种方法中的一种:

(1)XTA+XLZA;

(2)(XLA+SILA)+(XILA+XLZA);

上行通过进路

(3)(XILA+XLZA)+(XLA+SILA)。

办理列车通过进路时的显示与办理基本进路时的显示相同。

### 3. 引导接车进路的办理

操作方法：直接单击工具栏中的"引导按钮"按钮。

例如办理下行引导进路，操作如下：单击"引导按钮"按钮后，单击界面上的"XYA"按钮，输入确认密码"1111"，排列"X"接车口的引导进路，然后单击"确定"按钮，即可执行。对于其他接车口，分别单击对应的引导信号按钮。

引导接车

办理下行引导进路时的显示如图 1.4 所示。

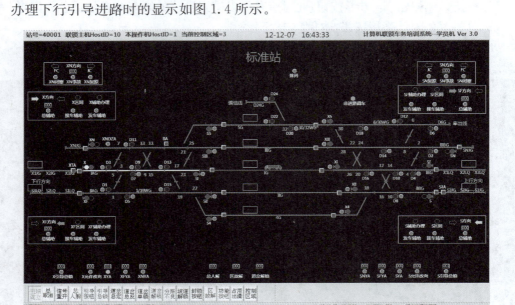

图 1.4　办理下行引导进路时的显示

引导信号开开与关闭的条件如表 1.7 所示。

表 1.7　引导信号开放与关闭的条件

| | 故障类型 | 时机 |
|---|---|---|
| 开放信号 | 接近区段先故障，信号机内方第一区段后故障 | 进路锁闭后延时 3 分开放 |
| | 信号机内方第一区段先故障，接近区段后故障 | 进路锁闭后立即开放 |
| | 接近区段故障，信号机内方第一区段无故障 | |
| | 信号机内方第一区段故障，接近区段无故障 | |
| 关闭信号 | 接近区段先故障，信号机内方第一区段后故障 | 延进 30 秒关闭信号，若需开放，则引导重开信号，30 秒后又关闭，如此重复，直到列车进站 |
| | 信号机内方第一区段先故障，接近区段后故障 | |
| | 信号机内方第一区段故障，接近区段无故障 | |
| | 接近区段故障，信号机内方第一区段无故障 | 立即关闭信号 |

**4. 引导总锁接车的办理**

操作方法:"引导总锁"按钮+"引导按钮"按钮。

"引导总锁"按钮用来锁闭整个咽喉区,进路"引导按钮"按钮用来开放相应接车进路的引导信号机。

引导总锁闭下引导接车

## 三、调车作业操作

**1. 基本调车进路的办理**

操作方法:参见基本列车进路的办理。

例如办理从 D1 至 D5 的调车进路,操作如下:

(1)单击始端按钮 D1A(圆形按钮);

(2)单击终端按钮 D5A(圆形按钮)。

如果进路包含的道岔 C1 不在对应位置,则会自动转动道岔。满足联锁条件后锁闭进路。进路包含的区段 1DG 和离去区段 1/19WG 显示锁闭光带。

以并置调车信号机为终端　以差置调车信号机为终端　以单置调车信号机为终端　以尽头线调车信号机为终端　以进站信号机内方带调车信号机为终端

**2. 调车进路的办理**

对于调车进路,可一次办理,也可分段办理。

一次办理:与基本进路的办理方式基本一样。

分段办理:可以把长调车进路分为两条或多条长调车进路,逐段办理。

例如,由 D1 至 SIID 的长调车进路的办理有以下几种方法:

(1)D1A+SIIDA;

(2)(D1A+D5A)+(D15A+SIIDA);

(3)(D5A+SIIDA)+(D1A+D5A)。

长调车

## 四、对进路的其他操作

**1. 取消进路**

操作:"总取消"按钮+进路始端按钮。

条件：进路处于预先锁闭阶段，进路中无车，轨道电路无故障。

显示：进路白色光带消失，信号复原。

### 2. 人工延时解锁进路

操作："人解"按钮＋进路始端信号按钮。

调车进路接近
区段锁闭需取消
调车进路

条件：进路处于接近锁闭阶段（对于未处于接近锁闭的进路，不延时，直接解锁），进路中无车，轨道电路无故障。

显示：信号关闭后，在列车或车列（以下通称列车）未冒进信号的情况下，接车进路或正线发车进路延时 180 秒后自动解锁。

### 3. 区段故障解锁

操作："区故解"按钮＋区段按钮（或道岔按钮）。

条件：进路因轨道电路故障而不能自动解锁，解锁无故障区段。

显示：区段恢复蓝色光带。

> **注意** ……
>
> 对于无岔区段，可操作与该无岔区段相邻的道岔按钮。

### 4. 信号重开

操作："信号重开"按钮＋防护进路的信号机。

条件：信号因故关闭后，进路又恢复信号开放的条件。

显示：相应信号灯重新开放。

## 五、对道岔的操作

### 1. 道岔总定

操作："道岔总定"按钮＋道岔按钮。

道岔基本操作

例如："道岔总定"按钮＋C1A，将道岔由原来的反位转动到定位；若道岔本身处于定位，则操作无效。

> **注意** ……
>
> 对于双动道岔，单击双动道岔的任一道岔均可，下同。

## 2. 道岔总反

操作:"道岔总反"按钮＋道岔按钮。

例如"道岔总反"按钮＋C1A,道岔由原来的定位转动到反位;若道岔本身处于反位,则操作无效。

## 3. 道岔单锁

操作:"道岔单锁"按钮＋道岔按钮。

例如"道岔单锁"按钮＋C1A,单锁后道岔岔尖处显示红色圆圈。

## 4. 道岔解锁

操作:"道岔解锁"按钮＋道岔按钮。

例如"道岔解锁"按钮＋C1A,解锁后道岔名称恢复正常颜色(定位为绿色,反位为黄色)。

# 项目 2
# 电务作业标准化防护及登记和销记

 **项目描述**

电务人员在检修、施工中必须坚持"安全第一、预防为主"的方针,严格执行有关安全规定。电务安全防护作业标准化是劳动安全管理的关键环节。在进行检修、施工和故障处理时,电务人员要严格按照程序进行,认真执行登记、销记制度;室外工作人员要加强与室内配合人员的联系;室内配合人员要坚守工作岗位,认真执行通知制度。室内外防护员必须高度负责,熟悉防护规定和流程,准确预报列车及车列的运行情况,必须把所防护人员防护在有效范围之内。

本项目通过对室内外防护员标准化作业的学习,使学生的安全作业和标准化作业意识过关并得到强化,为接下来的检修、故障处理项目做好准备。

**岗位基本要求**

铁路特有工种技能培训规范《铁路信号工(车载信号设备维修)》职业道德之职业守则:
(1)遵守法律、法规和有关规定;
(2)爱岗敬业,具有高度的责任心;
(3)严格执行工作程序、工作规范、工作技术标准和安全操作规程;
(4)工作认真负责,具有高度的责任感和良好的团队合作精神。
铁路特有工种技能培训规范《铁路信号工(车载信号设备维修)》职业道德之法律、法规和规章知识:
(1)管内信号设备检修制度;
(2)安全作业知识及规程;
(3)劳动保护知识。

 **岗位技能要求**

铁路特有工种技能培训规范《铁路信号工(车载信号设备维修)》中级工技能要求:能在"行车信号设备检查登记簿"上登记、销记。

# 任务1 "行车设备施工登记簿"登记和销记

本任务的目标是:能够正确在"行车设备施工登记簿"上进行登记和销记。

## 任务1.1 "行车设备施工登记簿"登记和销记工作清单

"行车设备施工登记簿"登记和销记工作清单如下。
(1)熟记基本安全制度,并默写(见表2.1)。

表 2.1  行车设备施工基本安全制度

| 名称 | 内容 |
| --- | --- |
| 三不动 |  |
| 三不离 |  |
| 三级施工安全措施 |  |
| 三预想 |  |
| 七严禁 |  |

(2)对以下案例在"行车设备施工登记簿"上进行登记和销记。
①案例1:电务维修。
地点:武汉站内 1#、3#、5#、7#、9#、11#、13#、15#、33#、35# 道岔。
内容:道岔维修,要点240分钟。

在表 2.2 中登记和销记。

表 2.2 "行车设备施工登记簿"的登记和销记——电务维修

| 请求施工、维修、检测登记 | 登记时分 | | 作业类别 | | 本月施工编号 | |
|---|---|---|---|---|---|---|
| | 作业单位 | | | | | |
| | 配合单位 | | 登记人 | | 施工项目 | |
| | 配合单位 | | | | | |
| | 接触网停电范围 | | | | | |
| | 作业地点作业内容 | | | | | |
| | 占用(封锁)范围 | | | | | |
| | 轨道车运行情况 | | | | | |
| 允许作业 | 批准起止时间 | | 命令号及发令时间 | | 调度员签认 | |
| 施工、维修、检测后销记 | 设备恢复使用范围和条件需限速情况开通命令 | | | | 时间 | |
| | | | | | 登记签字 | |
| | | | | | 调度员： | |
| | 开通恢复常速情况开通命令 | | | | 时间 | |
| | | | | | 销记签字 | |
| | | | | | 调度员： | |

②案例2：施工。

地点：京广高铁武广线赤壁北站内上行正线 1234 km 432 m 至 1238 km 543 m 处。

内容：更换 1 号道岔施工。

在表 2.3 中登记和销记。

表 2.3 "行车设备施工登记簿"的登记和销记——施工

| | | | | | | |
|---|---|---|---|---|---|---|
| 请求施工、维修、检测登记 | 登记时分 | | 作业类别 | | 本月施工编号 | |
| | 作业单位 | | 登记人 | | 施工项目 | |
| | 配合单位 | | | | | |
| | 配合单位 | | | | | |
| | 接触网停电范围 | | | | | |
| | 作业地点作业内容 | | | | | |
| | 占用(封锁)范围 | | | | | |
| | 轨道车运行情况 | | | | | |
| 允许作业 | 批准起止时间 | | 命令号及发令时间 | | 调度员签认 | |
| 施工、维修、检测后销记 | 设备恢复使用范围和条件需限速情况开通命令 | | | | 时间 | |
| | | | | | 登记签字 | |
| | | | | | 调度员: | |
| | 开通恢复常速情况开通命令 | | | | 时间 | |
| | | | | | 销记签字 | |
| | | | | | 调度员: | |

## 任务 1.2 "行车设备施工登记簿"登记和销记工作手册

工作地点:多媒体教室。

## 一、相关案例

相关案例如表 2.4、表 2.5 所示。

表 2.4　案例 1 事故概况、原因分析和预防措施

| 事故概况 | 1997 年 4 月 29 日 10 时 48 分,昆明开往郑州的 324 次旅客列车行至京广线荣家湾站 K1453+914 处,与停在站内 4 道的 818 次旅客列车发生尾部冲突,造成 324 次旅客列车机后 1 至 9 位颠覆、10 至 11 位脱轨,818 次旅客列车机后 15 至 17 位(尾部 3 辆)颠覆。这起行车事故共造成 126 人死亡、48 人重伤、182 人轻伤 |
|---|---|
| 原因分析 | 1. 信号工严重违章作业是造成事故的直接原因。<br>2. 未登记联系,室内联系人员失职。<br>3. 施工人员在道岔 X1、X3 配线之间跨接二极管,甩开转辙机内部配线的联锁条件,人为构通了道岔假表示,使得联锁失效,是造成这起特别重大事故的根本原因。<br>4. 室内配合人员在未登记联系的情况下擅离职守,没有及时向室外工作人员通知列车运行情况也是导致事故发生的重要原因 |
| 预防措施 | 1. 加强对职工基本安全制度和作业纪律的学习教育,并要求职工严格执行和遵守。<br>2. 发生故障时要严格按照故障处理程序进行处理,严禁违章作业造成故障升级。<br>3. 设备检修故障处理时要认真执行登记、销记制度;室外工作人员要加强与室内配合人员的联系,未经室内配合人员的同意,不得擅自工作。室内配合人员要坚守工作岗位,认真执行通知制度。<br>4. 信号工作人员在工作中严禁使用封连线。<br>5. 加强对道岔控制电路工作原理的学习,提高处理故障技能,能正确使用工具和仪表,提高道岔标准化检修作业的能力 |

表 2.5　案例 2 事故概况、原因分析和预防措施

| 事故概况 | 2018 年 6 月 6 日 13 时,中国铁路武汉局集团有限公司武汉电务段武九线西河村站信号工区工长在没有向鄂州电务车间汇报的情况下,私自带领本工区及鄂州站整治工区、阳新站信号工区 6 名信号工和工长在区间进行更换补偿电容作业。14 时 21 分,K1091 次旅客列车以 114 km/h 的速度运行至阳新—西河村站间 K172+607 处,撞上西河村站信号工区工长和 1 名信号工,一人当场死亡,一人经抢救无效死亡,构成铁路交通一般 A 类事故 |
|---|---|

| | |
|---|---|
| 原因分析 | 1. 严重违章作业。<br>电务人员未将作业纳入施工计划、不汇报、不联系登记、不执行电务维修分级管控要求，擅自点外到区间作业，盲目违章乱干，是造成人身伤亡事故的主要原因。<br>2. 防护不到位。<br>(1)驻站联络员没有执行列车三预报防护制度，邻站开车(或本站发车)时不提前预报，只在列车接近时才预报，造成作业人员下道时间紧张。<br>(2)现场防护员接到列车接近预报后，没有及时通知并督促(或强制)作业人员下道，造成作业人员错过最好的下道时机。<br>(3)现场作业(区间打眼安装补偿电容)作业点分散，只设1名防护员，没有按照有效距离设置防护员，而且现场防护员喊200 m外作业人员下道，至于作业人员是否听见、是否及时下道，室外防护员就不管了，防护员严重失职也是造成事故的主要原因。<br>3. 现场作业失控。<br>(1)武汉电务段、鄂州电务车间明知道该阶段3个工区在进行信号设备外观整治作业，却未落实电务维修分级管控要求，不闻不问，更没有派驻干部进行盯控。<br>(2)班组作业失控，工长擅自组织多工区人员开展点外施工作业，充分反映出武汉电务段现场作业严重失控、管理干部作风不实、安全管理薄弱 |
| 预防措施 | 1. 没有作业计划、没有联系登记好、没有行车调度员命令、没有上道作业命令，坚决不能违章上道作业。<br>2. 作业中不得超范围进行作业。<br>3. 发现设备故障或有报警信息必须向车间、段调度汇报，必须在段许可下要点或利用天窗进行处理。<br>4. 防护员必须高度负责，准确预报列车及车列的运行情况，执行列车"三预报"制度，不准干与防护工作无关的事，任何防护员必须把所防护人员防护在有效范围之内。<br>5. 作业中下道避车，在作业人员全部下道之后，防护员方可下道 |

## 二、"行车设备施工登记簿"登记和销记样张

**1. 填写说明**

填写说明如表2.6所示。

表 2.6 "行车设备施工登记簿"登记、销记填写说明

| | | | | | | | |
|---|---|---|---|---|---|---|---|
| 请求施工、维修、检测登记 | 登记时分 | ×月×日 21:47 填表时的北京时间 | 作业类别 | 维修作业（或施工作业） | 本月施工编号 | 维修填:无 施工填:施工编号 |
| | 作业单位 | ××工务段（或××电务、供电段） | 登记人 | 相关联络员签名（有则配合单位填写。无则相关联络员填:无） | 施工项目 | 维修填:无 施工填:施工项目（例如:更换××站××号道岔） |
| | 配合单位 | 有配合单位填写。无相关配合单位填:无 | | | | |
| | 配合单位 | 同上 | | 同上 | | |
| | 接触网停电范围 | 无须接触网停电则填:无 需接触网停电,填×供(直)×××、×××、×××单元　　　　　　　（相关联络员填） | | | | |
| | 作业地点作业内容 | 1.地点:维修地点指××站至××站间×行线×××km×××m 至××××km×××m; 内容:维修作业,所需时分; 2.地点:维修地点指××站至××站间×行线×××km×××m 至××××km×××m; 内容:维修作业,所需时分; 有几个作业组,就填几个地点;每个地点后填作业内容。　　（相关联络员填） | | | | |
| | 占用(封锁)范围 | 上述作业地点及区间。　　　　　　　　　　　　　　　　（相关联络员填） | | | | |
| | 轨道车运行情况 | 没有则填:无。有轨道车填:由××站进入×行线,完后返回××站。如有多个,则对应作业地点填写。　　　　　　　　　　　　　　　　　　　　　　　（相关联络员填） | | | | |
| 允许作业 | 批准起止时间 | 命令准许作业时间（列车调度员填） | 命令号及发令时间 | ××××× ×月×日 21:55 （列车调度员填） | 调度员签认 | ××× 列车调度员签 |
| 施工、维修、检测后销记 | 设备恢复使用范围和条件需限速情况开通命令 | 1.上述作业地点如能恢复正常、交付使用,此栏填:无。 2.如果设备不能正常开通使用,则需登记开通条件等。（例如:××站至××站间×行线××××km××× m 至××××km×××m 处限速(降弓)运行。上述其他作业地点设备恢复正常、交付使用。） 　　　　　　　　　　　　　　　　　　　（相关联络员填） | | | 时间 | 相关联络员填:销记时间 |
| | | | | | 登记签字 | 作业单位: 相关联络员签名 有配合单位的也登记签名 |
| | | | | | 调度员:××× | |
| | 开通恢复常速情况开通命令 | 1.上述作业地点恢复正常、交付使用。 2.上栏第2项,设备最终恢复时填写。（例如:××站至××站间×行线××××km×××m 至××××km×××m 处取消限速(降弓),设备恢复正常使用。） 　　　　　　　　　　　　　　　　　　　（相关联络员填） | | | 时间 | 相关联络员填:销记时间 |
| | | | | | 销记签字 | 作业单位: 相关联络员签名 有配合单位的也登记签名 |
| | | | | | 调度员:××× | |

## 2. 电务维修

电务维修登记和销记样张如表 2.7 所示。

表 2.7 "行车设备施工登记簿"登记、销记样张——电务维修

| | | | | | | |
|---|---|---|---|---|---|---|
| 请求施工、维修、检测登记 | 登记时分 | ×月×日 21:45<br>(相关联络员填) | 作业类别 | 维修作业<br>(相关联络员填) | 本月施工编号 | 无<br>(相关联络员填) |
| | 作业单位 | 武汉电务段<br>(相关联络员填) | 登记人 | 刘武广<br>(相关联络员签名) | 施工项目 | 无<br>(相关联络员填) |
| | 配合单位 | (有则配合单位填写。<br>无则相关联络员填:无) | | (有则配合单位填写。<br>无则相关联络员填:无) | | |
| | 配合单位 | 同上 | | 同上 | | |
| | 接触网停电范围 | 无须接触网停电填:无 | | | | (相关联络员填) |
| | 作业地点作业内容 | 1.地点:某站 1#、3#、5#、7#、9#、11#、13#、15#、33#、35# 道岔;<br>内容:道岔维修,要点 240 分钟。<br>2.地点:某某站 1#、3#、5#、7# 道岔;<br>内容:道岔维修,要点 240 分钟。 | | | | (相关联络员填) |
| | 占用(封锁)范围 | 上述作业地点道岔。 | | | | (相关联络员填) |
| | 轨道车运行情况 | 没有则填:无。 | | | | (相关联络员填) |
| 允许作业 | 批准起止时间 | 0:00—4:00<br>(列车调度员填) | 命令号及发令时间 | ×××××<br>×月×日 21:55<br>(列车调度员填) | 调度员签认 | 王友生<br>列车调度员签 |
| 施工、维修、检测后销记 | 设备恢复使用范围和条件需限速情况开通命令 | 上述作业地点如能恢复正常、交付使用,此栏填:无。<br>(相关联络员填) | | | 时间 | (×月×日 3 时 58 分) |
| | | | | | 登记签字 | 武汉电务段:刘武广<br>有配合单位的也登记签名 |
| | | | | | 调度员:王友生 | |
| | 开通恢复常速情况开通命令 | 上述作业地点恢复正常、交付使用。<br>(相关联络员填) | | | 时间 | (×月×日×时××分) |
| | | | | | 销记签字 | 武汉电务段:刘武广<br>有配合单位的也登记签名 |
| | | | | | 调度员:××× | |

## 3. 施工

施工登记和销记样张如表2.8所示。

表2.8 "行车设备施工登记簿"登记、销记样张——施工

| | | | | | | |
|---|---|---|---|---|---|---|
| 请求施工、维修、检测登记 | 登记时分 | ×月×日 21:47<br>(相关联络员填) | 作业类别 | 施工作业<br>(相关联络员填) | 本月施工编号 | ××××<br>(相关联络员填) |
| | 作业单位 | 武汉桥工段<br>(相关联络员填) | 登记人 | 王强<br>(相关联络员签) | 施工项目 | 更换赤壁北站1号道岔<br>(相关联络员填) |
| | 配合单位 | (有则配合单位填写。无则相关联络员填:无) | | (有则配合单位填写。无则相关联络员填:无) | | |
| | 配合单位 | 同上 | | 同上 | | |
| | 接触网停电范围 | 无须接触网停电则填:无。<br>(相关联络员填) | | | | |
| | 作业地点作业内容 | 1.地点:京广高铁武广线赤壁北站内上行正线××××km×××m至××××km×××m处;<br>内容:更换1号道岔施工;<br>2.×月×日××时××分至×月×日××时××分限速××km/h;<br>3.封锁施工240分钟;<br>4.点内影响经由该处接发列车及调车作业。<br>(相关联络员填) | | | | |
| | 占用(封锁)范围 | 上述作业地点。<br>(相关联络员填) | | | | |
| | 轨道车运行情况 | 没有则填:无。<br>(相关联络员填) | | | | |
| 允许作业 | 批准起止时间 | 0:00—4:00<br>(列车调度员填) | 命令号及发令时间 | ×××××<br>×月×日 21:55<br>(列车调度员填) | 调度员签认 | 王有生<br>列车调度员签 |
| 施工、维修、检测后销记 | 设备恢复使用范围和条件需限速情况开通命令 | 1.上述作业地点如能恢复正常、交付使用,此栏填:无。<br>2.设备如不能正常开通使用,则需登记开通条件等。(例如:××站至××站间×行线××××km×××m至××××km×××m处限速运行。命令:××××号。)<br>(相关联络员填) | | | 时间 | (×月×日 3时58分) |
| | | | | | 登记签字 | 武汉桥工段:王强<br>有配合单位的也登记签名 |
| | | | | | 调度员 | 王有生 |
| | 开通恢复常速情况开通命令 | 1.上述作业地点恢复正常、交付使用。命令:××××号。<br>2.上栏第2项,设备最终恢复时填写。(例如:××站至××站间×行线××××km×××m至××××km×××m处取消限速,设备恢复正常使用,恢复常速运行。命令:××××号)。<br>(相关联络员填) | | | 时间 | (×月×日×时××分) |
| | | | | | 销记签字 | 武汉桥工段:王强<br>有配合单位的也登记签名 |
| | | | | | 调度员 | ××× |

## 任务 2　安全防护流程

本任务的目标是：能够通过角色扮演的方式，小组合作完成安全防护流程。

### 任务 2.1　安全防护流程工作清单

安全防护流程工作清单如下。
(1)小组制定角色扮演轮换计划，填入下面的方框中。

(2)按要求进行防护演练准备，对防护用品进行拍照，并将照片粘贴在下面的方框中。

(3)按要求召开班前预想会,并上传会议视频至职教云或 QQ 群。
(4)按要求填写施工作业单。
(5)展开角色演练,并上传演练视频至职教云或 QQ 空间。
(6)填写驻站联络员作业指导书(见表 2.9)。

表 2.9 驻站联络员作业指导书

| 周期 | 按需 | 适用人员 | |
|---|---|---|---|
| 作业时间 | 按计划 | 作业人数 | |
| 注意事项 | | | |
| 风险提示 | | | |

## 任务 2.2　安全防护流程工作手册

工作地点：信号室内外实训室。
本任务下的示图并不具备连贯性，仅供参考。

### 一、驻站防护作业指导

**1. 作业前准备**

驻站联络员作业前准备如图 2.1 所示。

图 2.1　驻站联络员作业前准备

（1）作业前，驻站联络员参加班前预想会（见图 2.2，会议全过程录音），明确作业内容、作业时间、作业区域、防护范围、防护对象、行走路线和安全卡控措施等。

图 2.2　班前预想会（一）

（2）上岗时，驻站联络员要穿着专用防护服，佩戴驻站联络员臂章，携带岗位培训合格证、联系通信工具(小电话、无线对讲机、GSM 手机等)、录音笔及规定的其他防护用品前往行车室。驻站联络员上岗前携带的部分物品如图 2.3 所示。

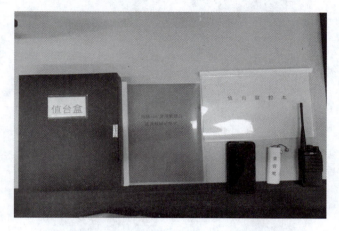

图 2.3　驻站联络员上岗前携带的部分物品

(3)在现场防护员和作业人员出发前,驻站联络员要与现场防护员和作业人员相互校核时钟,并与现场防护员和作业人员试验通信工具,保证通信良好,如图 2.4 所示。

图 2.4　检查并校核通信工具

(4)上道作业开始前,驻站联络员须将作业项目、安全防护情况向车间汇报(见图 2.5),上道作业经车间审核后方可实施。

**2. 登记联系**

(1)驻站联络员提前到达行车室,按规定时间完成登记工作,如图 2.6 所示。

(2)驻站联络员按路局行车簿册填记有关规定进行登记,如图 2.7 所示,并根据作业需要登记申请道岔手摇把。

(3)驻站联络员待车站行车人员签认同意,或下达调度命令后,对于普速铁路通知现场防护员可以开始作业,对于高速铁路通知现场防护员可以进入桥面、隧道和路基地段栅栏范围内开始作业。调度命令样式如图 2.8 所示。

图 2.5　驻站联络员向车间汇报作业项目、安全防护情况

图 2.6　做登记工作

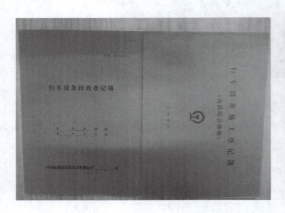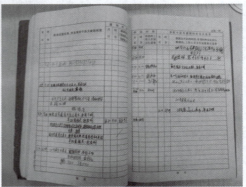

图 2.7　路局行车簿册及其登记

### 3. 作业中防护

（1）普速线路站内作业自作业人员出发、区间作业自准备进入线路时起，高速线路站内作业在作业人员进入桥面、隧道和路基地段栅栏范围前，驻站联络员开始不间断防护，并随

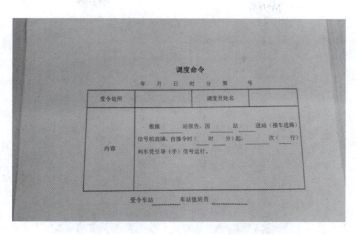

图 2.8　调度命令样式

时与现场防护员保持联系。

（2）驻站联络员在防护时应使用标准联控用语，严格执行三预告（预告列车邻站闭塞、邻站出发和列车到达距作业点规定的防护距离）、信号开放和呼唤应答制度。

（3）驻站联络员实时掌握室外各组作业人员的动态及防护员的位置，如图 2.9 所示。在防护过程中，驻站联络员应实时掌握现场人员作业地点转移等信息。

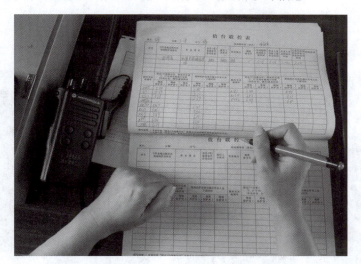

图 2.9　驻站联络员掌握并记录室外各组作业人员的动态及防护员的位置

（4）驻站联络员根据需要，配合室外联系车务人员扳动道岔、试验信号、确认控制台状态等。

（5）驻站联络员与现场防护员间须每 3～5 分钟联系一次，如图 2.10 所示。若联控通信中断，则驻站联络员要积极采取各种方式与现场防护员或作业人员取得联系，待恢复联系后，按正常程序进行防护。

（6）在确认室内外全部作业完毕，室外作业人员已离开作业区域、全部到达工区（行车室、机械室）或安全地点（高铁须撤出桥面、隧道和路基地段栅栏范围内）后，驻站联络员方可终止防护，并向车间汇报下道时间，确认设备良好后，方可关闭语音记录装置或录音笔。

图 2.10　驻站联络员与现场防护员保持联系

> 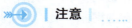 **注意**
> 
> 驻站联络员在关闭语音记录装置或录音笔前需口述工作结束时间,随后方可离开行车室。

室外作业人员离开作业区域、到达工区,驻站联络员做相关汇报如图 2.11 所示。

图 2.11　室外作业人员离开作业区域、到达工区,驻站联络员做相关汇报

### 4. 销记

驻站联络员根据作业情况,按路局行车簿册填记有关规定进行销记,如图 2.12 所示。

### 5. 作业后点评

作业完毕,驻站联络员参加班后总结会(见图 2.13)。

图 2.12　驻站联络员按路局行车簿册填记有关规定进行销记

图 2.13　班后总结会(一)

## 6. 作业所需材料、工具

作业所需材料、工具如表 2.10 所示。

表 2.10　驻站防护作业所需材料、工具

| 序号 | 名称 | 规格型号 | 单位 | 数量 | 备注 |
| --- | --- | --- | --- | --- | --- |
| 1 | 专用防护服 |  | 件 | 1 |  |
| 2 | 防护员臂章 |  | 块 | 1 |  |
| 3 | 岗位培训合格证 |  | 本 | 1 |  |
| 4 | 对讲机(配耳机) |  | 台 | 1 |  |

续表

| 序号 | 名称 | 规格型号 | 单位 | 数量 | 备注 |
|---|---|---|---|---|---|
| 5 | GSM 手机 | | 台 | 1 | |
| 6 | 录音笔 | | 支 | 1 | |
| 7 | 值台联控本 | | 本 | 1 | |
| 8 | 小电话总机（按需） | | 台 | 1 | |

## 二、现场防护员作业指导

**1. 作业前准备**

（1）作业前，现场防护员参加班前预想会（见图 2.14），明确作业人员的作业内容、作业时间、作业区域、防护范围、防护对象、行走路线和安全卡控措施等。

图 2.14　班前预想会（二）

（2）现场防护员上岗时应穿着专用防护服，携带岗位培训合格证、号角或口笛、通信工具、信号旗（信号灯）、防护记录本、防护线和药品等，如图 2.15 所示。

（3）现场防护员上岗前与作业负责人、驻站联络员互试通信工具工作良好。互试通信工具示例如图 2.16 所示。

**2. 作业中防护**

（1）普速线路站内作业自作业人员出发、区间作业自进入线路（进入桥面、隧道和路基地段栅栏范围内）时起，高速线路在作业人员进入防护栅栏或封闭设施前，现场防护员开始不间断防护。现场防护员在防护时应使用标准联控用语，并随时与驻站联络员、作业负责人保

图 2.15　现场防护员穿着专用防护服并携带相关工具等

图 2.16　互试通信工具示例

持联系。

（2）在作业人员往返作业途中，现场防护员应指挥作业人员按固定路线列队行走，如图 2.17 所示，并随队末位防护。

图 2.17　作业人员按固定路线列队行走

(3)现场防护员负责与驻站联络员联系天窗开始时间,接收天窗开始命令号码并做好记录。现场防护员接通知后,对于普速铁路通知作业人员可以上道作业,对于高速铁路通知作业人员可以进入桥面、隧道和路基地段栅栏范围内开始作业。

(4)现场防护员应选择瞭望条件较好、位置醒目、不侵限、便于通知的安全处所(安全岛内)进行防护,如图2.18所示。

图2.18 现场防护员选择安全处所进行防护

(5)转移作业地点时,现场防护员必须与驻站联络员联系,通报下一作业地点,确认安全后再转移,如图2.19所示。

图2.19 现场防护员与驻站联络员联系,通报下一作业地点,确认安全后再转移

(6)在本线、邻线列车临近时(调车作业除外),现场防护员须立岗接车。

①在防护所处位置立岗接车。

②在列车距接车地点不少于300米时举旗接车(视线距离不足时以列车露头为准)。现场防护员面向来车方向,身体直立,一臂平举卷起的黄色信号旗(见图2.20,夜间为白色信号灯),待机车通过立岗地点50米后放下信号旗(或信号灯),完成立岗接车。

(7)作业人员跨越线路或上线作业时,现场防护员指挥或督促作业人员执行"手比、眼看、口呼"规定。执行手比规定如图2.21所示。

(8)在接到驻站联络员的下道通知后,现场防护员须使用号角或口笛(扩音器)提醒作业

项目 2　电务作业标准化防护及登记和销记 | 35

图 2.20　接车操作

图 2.21　执行手比规定

人员及时下道避车,确认作业人员下道后立即向驻站联络员报告,如图 2.22 所示。

图 2.22　现场防护员使用号角或口笛(扩音器)提醒作业人员及时下道避车

(9)现场防护员必须每隔 3~5 分钟与驻站联络员进行一次联络(见图 2.23),室内无应答视为联络中断。如果与驻站联络员的正常联系中断,现场防护员立即通知作业人员停止作业,并积极采取各种方式与驻站联络员取得联系,待恢复联系后,方可通知作业人员正常进行作业。

图 2.23　现场防护员保持与驻站联络员联络

(10)现场防护员在确认作业人员已离开作业区域、全部到达工区(行车室、机械室,见图2.24)或安全地点(高铁须撤出桥面、隧道和路基地段栅栏范围内),向驻站联络员报告后,方可终止防护。

图 2.24　作业人员到达工区

### 3. 作业后点评

作业完毕,现场防护员参加班后总结会,如图 2.25 所示。

### 4. 作业所需材料、工具

作业所需材料、工具如表 2.11 所示。

图 2.25　班后总结会(二)

表 2.11　现场防护员作业所需材料、工具

| 序号 | 名称 | 规格型号 | 单位 | 数量 | 备注 |
| --- | --- | --- | --- | --- | --- |
| 1 | 专用防护服 |  | 套 | 1 |  |
| 2 | 防护员臂章 |  | 块 | 1 |  |
| 3 | 岗位培训合格证 |  | 本 | 1 |  |
| 4 | 号角 |  | 个 | 1 |  |
| 5 | 口笛 |  | 个 | 1 |  |
| 6 | 录音笔(可选) |  | 个 | 1 |  |
| 7 | 小电话 |  | 个 | 1 |  |
| 8 | GSM 手机 |  | 台 | 1 |  |
| 9 | 对讲机 |  | 个 | 1 |  |
| 10 | 信号旗(红色) |  | 块 | 1 |  |

续表

| 序号 | 名称 | 规格型号 | 单位 | 数量 | 备注 |
|---|---|---|---|---|---|
| 11 | 信号旗（黄色） | | 块 | 1 | |
| 12 | 信号灯（夜间） | | 个 | 1 | |
| 13 | 防护记录本 | | 本 | 1 | |
| 14 | 防护线 | | 根 | 1 | |
| 15 | 药品 | 按规定 | | | |

## 三、防护示范用语

驻站联络员：×××，现在开始对表，现在时间××点××分。

现场防护员：复诵，×××明白。

现场防护员：×××，××时××分，在××处上道。

驻站联络员：复诵，×××明白。

防护：现场防护员手持信号旗，精力集中，不间断瞭望，天窗点内作业不以停车信号牌防护时显示停车手信号，邻线来车时应暂时将停车手信号收回，避免邻线误认信号；天窗点外作业每隔3～5min与驻站联络员或现场电话员通话一次，掌握列车运行情况，并通知作业负责人。

驻站联络员：×××，无车。

现场防护员：×××，无车，×××明白。

远端防护员：×××，无车，×××明白。

现场防护员（现场防护员主动呼叫驻站联络员）：×××，列车情况？

本线及邻线来车本线下道的规定：①接到列车预告后，通知作业负责人；②接到列车已向作业地点发车确报后，立即通知作业人员准备下道避车。

驻站联络员（现场电话员）：①×××线上（下）行列（客）车××次××时××分在××站闭塞（发车、通过）；②×××线上（下）行列（客）车一接近（二接近、三接近、一离去、二离去、三离去）。

现场防护员：复诵，×××明白。

远端防护员：复诵，×××明白。

驻站联络员：①×××，调车作业（机车），进××道（经过××号道岔）；②×××，××道调车作业（机车）牵出（经过××号道岔）。

现场防护员：复诵，×××明白。

防护：本线及邻线来车本线下道的规定为，列车接近《普速铁路工务安全规则》规定的下道避车距离或接到远端防护员列车接近通知,现场防护员用喇叭发出立即下道通知,用拢起的信号旗指向来车方向及来车股道;作业人员无反应时,现场防护员要立即奔跑过去,强迫作业人员下道。

现场作业负责人下达收工命令后,现场防护员与驻站联络员和现场电话员保持联系,明确行走路线,掌握列车运行情况,做好集体返回的防护工作。待人员、机具全部返回后,现场防护员通知作业负责人和驻站联络员。

# 项目 3
# DS6-K5B 型计算机联锁系统维护

### 📚 项目描述

DS6-K5B 型计算机联锁系统是北京全路通信信号研究设计院集团有限公司与日本京三制作所联合开发的一套用于车站信号联锁控制的系统。该系统所有涉及安全信息处理和传输的部件均按照"故障-安全"原则采取了二重系结构设计。该系统各微机全部通过光缆连接实现通信,数据传输距离远,抗干扰能力和防雷性能强,具有高的运行稳定性,并具有区域联锁功能。

该系统目前在干线铁路、高速铁路、城市轨道交通中有广泛的应用。通过对本项目的学习,学生应能够掌握该系统的标准化操作、标准化检修、常见故障处理方法。

### 📚 岗位技能要求

铁路特有工种技能培训规范《铁路信号工(车载信号设备维修)》中级工技能要求之:
(1)能测试、分析管内信号设备电气特性;
(2)能在"行车信号设备检查登记簿"上登记、销记;
(3)能进行计算机联锁设备故障的人工切换;
(4)能识读信号设备接线图、配线图;
(5)能检修管内信号设备。
铁路特有工种技能培训规范《铁路信号工(车载信号设备维修)》高级工技能要求之:
(1)能判断、更换计算机联锁设备故障硬件;
(2)能判断、处理计算机联锁设备开路故障。

### 📚 岗位职业守则

(1)遵守法律、法规和有关规定;
(2)爱岗敬业,具有高度的责任心;
(3)严格执行工作程序、工作规范、工作技术标准和安全操作规程;
(4)工作认真负责,具有高度的责任感和良好的团队合作精神;
(5)爱护设备及工具、仪器、仪表;
(6)着装整洁,符合规定;
(7)保持工作环境清洁有序,文明生产;
(8)刻苦学习,钻研业务,努力提高技术文化素质。

## 任务 1　DS6-K5B 型联锁机柜认知实训

本任务的目标是:能够正确认识 DS6-K5B 型联锁机柜各部二重系结构。

### 任务 1.1　DS6-K5B 型联锁机柜认知实训工作清单

DS6-K5B 型联锁机柜认知实训工作清单如下。
(1)拍照并标注 DS6-K5B 型电源柜。

(2)拍照并标注 DS6-K5B 型控显机柜。

(3)拍照并标注 DS6-K5B 型联锁机柜正面。

(4)拍照并标注 DS6-K5B 型联锁机柜背面(线缆、板卡均需标注)。

(5)绘制 DS6-K5B 型联锁站室内设备系统连接图。

(6)拍照并标注 DS6-K5B 型计算机联锁系统网络接口、接口架。

## 任务 1.2　DS6-K5B 型联锁机柜认知实训工作手册

工作地点：DS6-K5B 型计算机联锁实训室。

DS6-K5B 型计算机联锁系统由控制台、电务维护台、联锁机、电子终端、电源五个部分组成。它的内部结构如图 3.1 所示。

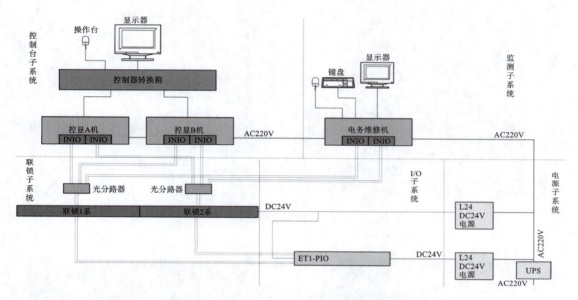

图 3.1　DS6-K5B 型计算机联锁系统的内部结构

## 一、联锁机

联锁机由二重系组成，以主从方式并行运行。每一系采用故障-安全的双 CPU 处理器，两系之间通过并行接口建立的高速通道交换信息，实现二重系的同步和切换。

联锁机每一系通过 FSIO 板各用一对光缆经过光分路器与控显双机相连，使联锁的每一系都能够分别与两台控显机通信。联锁机每一系用一对光缆分别与监测机的两个光通信接口相连，联锁机每一系的维护信息分别送到监测机。

联锁机每一系有 5 个连接电子终端的通信接口，每个通信接口最多可连接 3 个电子终端机架。每一系的前面板包括 IPU6 板、F486-4I 板、FSIO 板，后面板包括电源入口板、DID 板、FIO7[P]板、EXT-FIO7P 板。

联锁机主、从系各自执行全部处理功能。

联锁机的正面如图 3.2 所示。

联锁机的背面如图 3.3 所示。

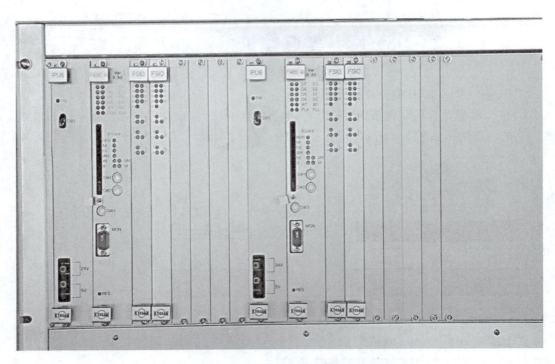

图 3.2 联锁机的正面

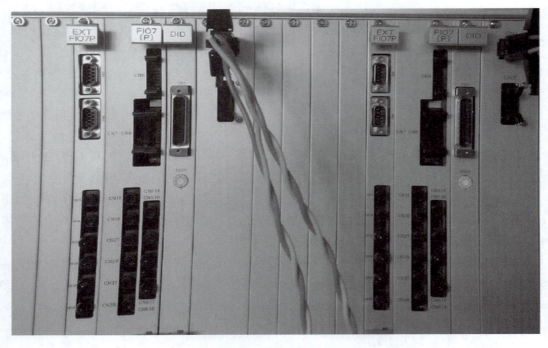

图 3.3 联锁机的背面

## 二、电子终端

电子终端(electronic terminal,ET)也称为输入/输出接口,是道岔、轨道电路、信号状态采集信息的输入接口和道岔、信号控制驱动信息的输出接口。电子终端是采用故障-安全型双 CPU(FSCPU)构成的智能控制器。电子终端的输出电路按故障导向安全原则设计;输入采集电路通过有效的自检测功能,能够检测出输入电路的故障,保证输入信息的安全性。因此,输出驱动和输入采集均采用静态方式,直接驱动安全型继电器,简化了接口电路设计,方便了系统维护。

电子终端也是二重系结构,安装在 ET 机笼内。每个 ET 机笼内安装一对 ET-LINE 通信模块,并用两根两芯光缆与联锁两系的 F107[P]板接口的一个 ET NET 线路连接。每个 ET 机笼内可安装五对电子终端(ET-PIO),每个电子终端带有 32 路输入和 32 路输出。联锁机 FSIO 板的接口最多可连接五个 ET NET 线路,每个 ET NET 线路最多可以连接三个 ET 机笼。

电子终端的正面如图 3.4 所示。

图 3.4　电子终端的正面

电子终端的背面如图 3.5 所示。

## 三、电源

DS6-K5B 型计算机联锁系统要求信号电源屏经隔离变压器单独提供一路单向交流 220 V 电源。从电源屏来的 220 V 电源被送到 DS6-K5B 型计算机联锁系统的电源柜,经过 UPS 后向计算机设备供电。

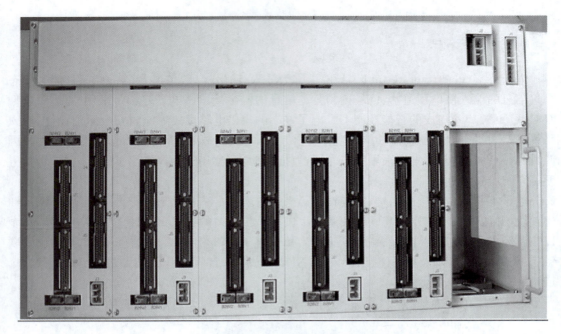

图 3.5　电子终端的背面

控显机、监测机及控制台显示器等设备使用 UPS 输出的 220 V 电源。系统电源采用两台 2000 VA 或 3000 VA 的 UPS 热备冗余供电,任意一台故障自动切换另一台进行供电,使系统不受影响。

DS6-K5B 型计算机联锁系统的联锁机和 ET-PIO 采用两路直流 24 V 电源供电。第一路电源称为逻辑 24 V 电源(L24)。此电源经 DS6-K5B 型计算机联锁系统内部的 DC-DC 变换,产生逻辑电路工作所需的 5 V 电源。第二路电源称为接口 24 V 电源(I24),供输出接口驱动继电器和输入接口采集继电器使用。每一路电源均采用两台并联热备工作方式,共有四台 24 V 电源设备。

电源连接图如图 3.6 所示。

## 四、板卡介绍

**1. IPU6 板**

IPU6 板(见图 3.7)是一块电源转换板,主要负责把 24 V 转换为 5 V,供 F486-4I 板、FSIO 板使用。

**2. F486-4I 板**

F486-4I 板(见图 3.8)是联锁机主 CPU 板,主要完成联锁逻辑运算、两重系间通信及切换控制、两重系一致性检查、系统的故障检测及报警、异常时停止动作等功能。

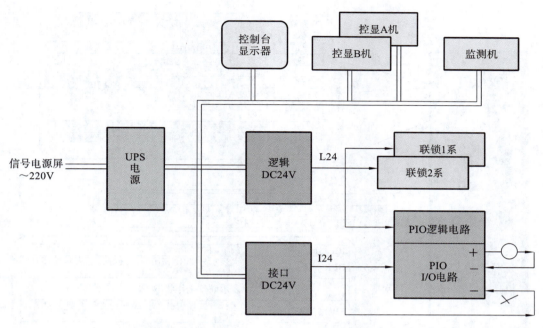

图 3.6 电源连接图

图 3.7 IPU6 板

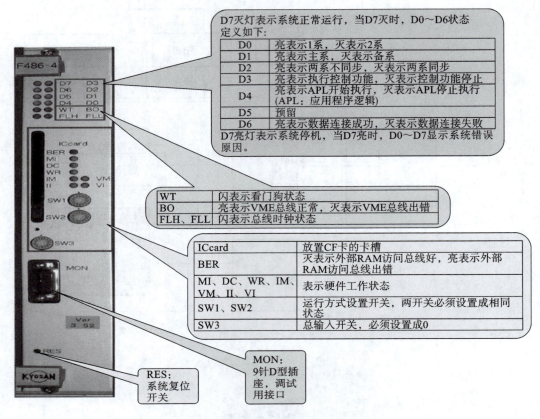

图 3.8 F486-4I 板

### 3. FSIO 板

FSIO 板（见图 3.9）是联锁逻辑部与电子终端及控显机、维护机之间的通信板。一方面，它从 F486-4I 板接收联锁运算产生的输出命令并传送给电子终端，从电子终端接收表示信息并传送给 F486-4I 板。另一方面，它从 F486-4I 板接收站场的表示信息并发送给控显机及监测机，用于站场图形的实时显示和提示报警。另外，它还接收控制台的按钮操作信息并传送给 F486-4I 板，用于联锁运算。该板将原来联锁逻辑部的 IF486 板和 FSD486 板的功能合二为一，最多可以连接 3 条电子终端回线。根据电子终端的数量，可以增加该板，使可连接的电子终端回线增至 5 个。

### 4. DID 板

DID 板（见图 3.10(a)）后有一个 CN2 接口，在该接口上接入一个 DB25 插头。1、2 系的插头地址设置完全相同，但联锁机与通信机的接线方式不同，不可互换。该插头代表该逻辑部在该 125MLAN 环网上的物理地址，拔下该插头或该插头插接不牢会导致系统无法启动。

### 5. FIO7[P]板

FIO7[P]板（见图 3.10(b)）是联锁机与 ET 机架、控显机、监测机之间通信的光电信号

项目 3　DS6-K5B 型计算机联锁系统维护 | 51

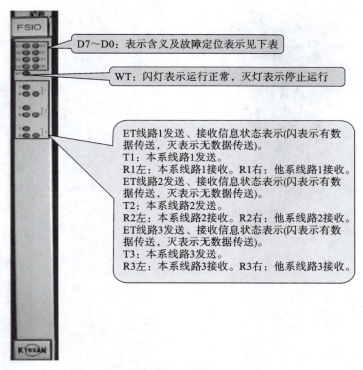

图 3.9　FSIO 板

D7～D0表示含义及故障定位表示

| LED | 信息 | 正常状态 | 故障状态 |
|---|---|---|---|
| D0 | LED输出 | 亮 | 灭(在向LED输出之前停止) |
| D1 | 初始化完成 | 亮 | 灭(初始化完成前停止) |
| D2 | 中断(Interrupt)ASK OK | 亮 | 灭(F486-4I中断不正确) |
| D3 | 发送停止命令 | 灭 | 亮(接收到来自F486-4I的停止命令) |
| D4 | DPRAM初始化 | 灭 | 亮(DPRAM初始化未完成) |
| D5 | 运行停止命令 | 灭 | 亮(收到来自F486-4I的停止命令) |
| D6 | DPRAM写故障 | 闪 | 亮或灭(DPRAM写故障) |
| D7 | DPRAM读故障 | 闪 | 亮或灭(DPRAM读故障) |

变换接口板。该板上有 3 组 ET 线路的光缆接口、2 组计算机的光缆接口。

**6. Z2ETH 板**

Z2ETH 板(见图 3.11)是 DS6-K5B 型计算机联锁系统逻辑部的以太网接口板,执行以太网通信功能,故联锁逻辑部不使用该板,仅在通信机逻辑部设置该板。DS6-K5B 型计算机联锁系统可以通过 Z2ETH 板接入安全数据网中,用于和外部系统连接。在 Z2ETH 板的左上部分有一个 CF 卡插槽,CF 卡用于存放以太网的驱动程序,若无以太网驱动程序,则将会导致前置通信机的设备无法启动。

**7. LINE2 板**

LINE2 板(见图 3.12)是一块电源转换和总线通信板,利用内部的电源模块把输入的逻辑 24 V 转换为 5 V 供自己的光电转换电路和 PIO2-LOG 的总线传输使用。它通过两根单

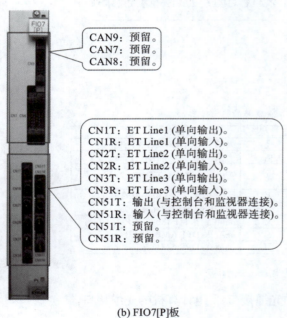

图 3.10　DID 板和 FIO7[P]板

图 3.11　Z2ETH 板

芯光缆与联锁的 FIO7[P]板连接，进行联锁机与电子终端的通信。

它与联锁双系之间的光缆连接使用 FC 形式的耦合器，通过单芯光纤进行通信，如图 3.13 中的 A3 和 A4 插座。A3 为发送光纤接口插座，A4 为接收光纤接口插座。B3 和 B4 是用于回线扩展的光接口。

### 8. PIO2-LOG 板

PIO2-LOG 板（见图 3.14）是一块输入/输出接口板。它同时集成 32 路输入和 32 路输出，通过电子终端的底板与外部连接。

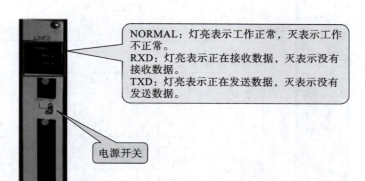

图 3.12　LINE2 板

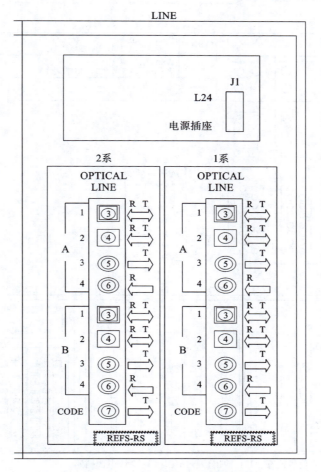

图 3.13　电子终端柜——电子终端(背面)

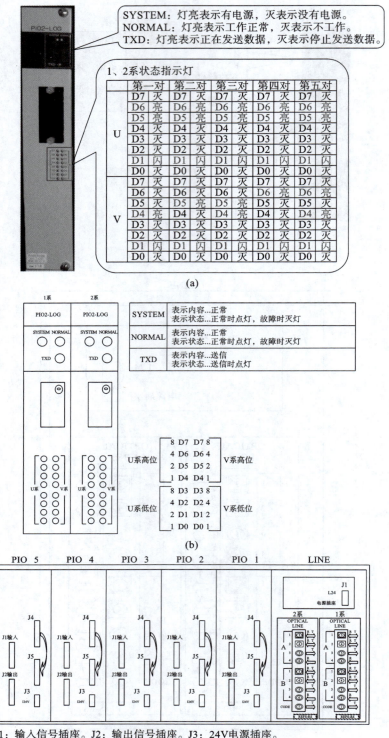

图 3.14　PIO2-LOG 板

## 任务 2　DS6-K5B 型联锁机柜开机实训

本任务的目标是:能够按照正确步骤上电并开启 DS6-K5B 型联锁机柜。

### 任务 2.1　DS6-K5B 型联锁机柜开机实训工作清单

DS6-K5B 型联锁机柜开机实训要求如下。
(1)正确开启逻辑电源机柜。
(2)正确开启接口 24 V 电源。
(3)正确进行逻辑部加电。
(4)正确进行电子终端加电。
DS6-K5B 型联锁机柜开机实训工作清单如表 3.1 所示。

表 3.1　DS6-K5B 型联锁机柜开机实训工作清单

| 序号 | 实训内容 | | 填写内容 | 状态变化 | | 操作步骤 | 完成情况 |
|---|---|---|---|---|---|---|---|
| 1 | 逻辑 24 V 电源加电 | | 输出电压 | 无显示 | 有电压显示 | 将逻辑 24 V 电源开关闭合 | |
| | | | 输出电流 | 无显示 | 有电流显示 | | |
| | | | 上电指示灯 | 灭 | 绿色 | | |
| | | | 工作指示灯 | 灭 | 绿色 | | |
| 2 | 接口 24 V 电源加电 | | 输出电压 | 无显示 | 有电压显示 | 将接口 24 V 电源开关闭合 | |
| | | | 输出电流 | 无显示 | 有电流显示 | | |
| | | | 工作指示灯 | 灭 | 绿色 | | |
| | | | 故障指示灯 | 灭 | 灭 | | |
| | | | 输入指示灯 | 灭 | 绿色 | | |
| 3 | 逻辑部加电 | IPU6 板 | 电源指示灯:灭 | 电源指示灯:绿色 | | 逻辑部 IPU6 板开关闭合 | |
| | | F486-4I 板 | 所有指示灯:灭 | 指示灯正常最终状态:<br>D7:灭。<br>D0:亮是 1 系,灭是 2 系。<br>D1:亮是主系,灭是备系。<br>D2:亮表示两系不同步,灭表示两系同步。<br>D3:亮。<br>D4:闪。<br>D5:闪。<br>D6:灭。 | | | |

续表

| 序号 | 实训内容 | | 填写内容 | 状态变化 | 操作步骤 | 完成情况 |
|---|---|---|---|---|---|---|
| 3 | 逻辑部加电 | F486-4I 板 | 所有指示灯:灭 | WT:闪。<br>BO:灭。<br>FLH:亮。<br>FLL:亮。<br>BER:灭。<br>MI:灭。<br>DC:灭。<br>WR:灭。<br>IM:灭。<br>VM:灭。<br>II:灭。<br>VI:灭 | 逻辑部 IPU6 板开关闭合 | |
| | | FSIO 板 | 所有指示灯:灭 | 指示灯正常最终状态:<br>D0:闪。<br>D1:灭。<br>D2:闪。<br>D3:闪。<br>D4:亮。<br>D5:亮。<br>D6:闪。<br>D7:灭。<br>T1:闪。<br>R1 左:闪表示本系有接收,灭表示本系无接收。<br>R1 右:闪表示对系有接收,灭表示对系无接收。<br>T2:闪。<br>R2 左:灭。<br>R2 右:灭。<br>T3:闪。<br>R3 左:灭。<br>R3 右:灭 | | |
| | | Z2ETH 板 | 所有指示灯:灭 | 指示灯正常最终状态:<br>D0:灭。<br>D1:灭。<br>D2:灭。<br>D3:灭。<br>D4:灭。<br>D5:灭。<br>D6:灭。<br>D7:闪。<br>WT:灭 | | |

续表

| 序号 | 实训内容 | 填写内容 | 状态变化 | 操作步骤 | 完成情况 |
|---|---|---|---|---|---|
| 4 | 电子终端加电 | ET-LINE 板 | 所有指示灯:灭<br>指示灯正常最终状态:<br>NORMAL:亮。<br>RXD:闪。<br>TXD:闪 | ET-LINE 板和 PIO 板加电 | |
| | | 第一对 PIO 板 | 所有指示灯:灭<br>指示灯正常最终状态:<br>SYSTEM:亮。<br>NORMAL:亮。<br>TXD:闪。<br>U:<br>D0:灭。<br>D1:闪。<br>D2:灭。<br>D3:灭。<br>D4:灭。<br>D5:亮。<br>D6:亮。<br>D7:灭。<br>V:<br>D0:灭。<br>D1:闪。<br>D2:灭。<br>D3:灭。<br>D4:亮。<br>D5:灭。<br>D6:灭。<br>D7:灭 | | |
| | | 第二、三、四对 PIO 板重复上述步骤并记录:<br>(1)第二对 PIO 板正确开启,显示正确。<br>(2)第三对 PIO 板正确开启,显示正确。<br>(3)第四对 PIO 板正确开启,显示正确 | | | |

## 任务 2.2　DS6-K5B 型联锁机柜开机实训工作手册

工作地点:DS6-K5B 型计算机联锁实训室。

## 一、DS6-K5B 型计算机联锁系统简述

图 3.15 所示为电源走向图。

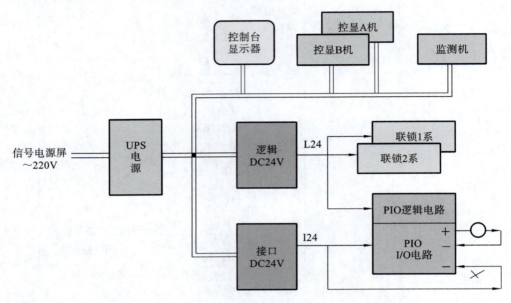

图 3.15　电源走向图

(1)DS6-K5B 型计算机联锁系统要求信号电源屏经隔离变压器单独提供一路单向交流 220 V 电源。从电源屏来的 220 V 电源被送到 DS6-K5B 型计算机联锁系统的电源柜,经过 UPS 后向计算机设备供电。

(2)控显机、监测机及控制台显示器等设备使用 UPS 输出的 220 V 电源。系统电源采用两台 2000 VA 或 3000 VA 的 UPS 热备冗余供电,任意一台故障自动切换另一台进行供电,使系统不受影响。

(3)DS6-K5B 型计算机联锁系统的联锁机和 ET-PIO 采用两路直流 24 V 电源供电。

第一路电源称为逻辑 24 V 电源(L24)。此电源经 DS6-K5B 型计算机联锁系统内部的 DC-DC 变换,产生逻辑电路工作所需的 5 V 电源。

第二路电源称为接口 24 V 电源(I24),供输出接口驱动继电器和输入接口采集继电器使用。

每一路电源均采用两台并联热备工作方式,共有四台 24 V 电源设备。

## 二、DS6-K5B 型计算机联锁系统加电流程

(1)逻辑 24 V 电源加电。
(2)接口 24 V 电源加电。
(3)联锁双系分别插入 IC 卡,加电启动。
(4)顺序将 ET-LINE 板和 PIO 板的开关拉起加电。

## 任务 3　DS6-K5B 型计算机联锁系统电气标准化检修

本任务的目标是:能够正确进行 DS6-K5B 型计算机联锁系统设备的巡视、电气特性测试和集中检修。

### 任务 3.1　DS6-K5B 型计算机联锁系统电气标准化检修工作清单

DS6-K5B 型计算机联锁系统电气标准化检修工作清单如下。
（1）分组召开班前会议,正确填写施工作业单(样表如表 3.2 所示)。

表 3.2　天窗检修施工作业单

| 站名 | | 计划时间：　年　月　日　时　分　至　时　分 | |
|---|---|---|---|
| 施工负责人： | | 室内联络人： | |
| 安全负责人： | | 干部： | |
| 作业范围： | | | |
| 作业具体内容及分工 | | | |

| 安全措施及注意事项 | 1. 严格执行各项安全规章制度，不盲目蛮干，不违章作业，服从分配，统一指挥。<br>2. 加强联系和安全防护，确保施工中行车和人身安全，施工时必须听从安全防护员和联络员口令。未停用时不得乱动设备，来车时及时下道避车。<br>3. 各级人员在接到作业单后，提前一天做好施工准备，落实施工内容是否清楚，检查好联系电话、施工工具材料是否齐全。<br>4. 手摇把必须由专人使用、负责。<br>5. 施工完毕后彻底试验良好方准离开。<br>6. 严格按照"一、三、五、十"施工安全措施做好准备工作。 |
|---|---|
| 备注 | |

（2）正确穿着防护服，准备工具及防护用品，对工具拍照并粘贴照片。

|   |
|---|
|   |

（3）正确进行 DS6-K5B 型计算机联锁系统测试（Ⅰ级），并记录，样表如表 3.3 所示。

表 3.3　DS6-K5B 型计算机联锁系统 I 级测试记录表

车站：　　　　　　　　　　　　　　　　　　　　　　　　　　　　　　　　　　　　　仪表及型号：

| 序号 | 联锁机柜 | | | | | | | | 组合架（接口架） | | | 测试日期 | 测试人 |
|---|---|---|---|---|---|---|---|---|---|---|---|---|---|
| | 逻辑电源1电压 | 逻辑电源2电压 | 逻辑电源3电压 | 逻辑电源4电压 | 接口电源1电压 | 接口电源2电压 | 接口电源3电压 | 接口电源4电压 | 继电器驱采电源(IOZ/IOF)电压 | 继电器驱采电源IOZ对地电流 | 继电器驱采电源IOF对地电源 | | |
| | V | V | V | V | V | V | V | V | V | mA | mA | | |
| 1 | | | | | | | | | | | | | |
| 2 | | | | | | | | | | | | | |
| 3 | | | | | | | | | | | | | |
| 4 | | | | | | | | | | | | | |
| 5 | | | | | | | | | | | | | |
| 6 | | | | | | | | | | | | | |
| 7 | | | | | | | | | | | | | |
| 8 | | | | | | | | | | | | | |
| 9 | | | | | | | | | | | | | |
| 10 | | | | | | | | | | | | | |
| 11 | | | | | | | | | | | | | |
| 12 | | | | | | | | | | | | | |

说明：1. 周期：各项每年测试1次。

2. 方法：电流值记录电流表数值，在相应电源电压测试孔上或输出端子上测试电压，继电器驱采电源电压和对地电流在接口架或组合架零层进行测试。

(4)正确进行 UPS 充放电操作并记录。样表如表 3.4 所示。

表 3.4　电子设备 Ⅱ 级测试记录表

车站：　　　　　　　　　　　　　　　　　　　　　　　　　　　　　　　　Ⅱ级-17

| 设备＼内容 | 2M 通道测试 误码率 | 光纤通道测试 衰耗/dB | UPSA 放电时间（分钟） | UPSB 放电时间（分钟） | 测试人 | 测试日期 |
|---|---|---|---|---|---|---|
| 计算机联锁 | × | × | | | | |

(5)正确进行设备巡视并记录巡视内容。

　　1.维修机系统图是否正常，如有异常记录异常信息：




　　2.维修机有无异常报警信息，如有异常报警信息请记录：




　　3.联锁设备与 RBC 系统、列控中心、CTC 系统、集中监测系统等的相互通信是否正常，如有异常记录异常情况：




　　4.记录各类加封按钮使用次数：

## 任务 3.2　DS6-K5B 型计算机联锁系统电气标准化检修工作手册

工作地点:DS6-K5B 型计算机联锁实训室。
工作流程如下。

### 一、作业前准备

**1. 预测预判**

(1)询问所在工区人员和车站值班员联锁设备运行情况,了解联锁设备运行过程中存在的问题。
①询问工区人员联锁设备运行情况。
②询问车站值班员联锁设备运行情况。
(2)通过调阅集中监测报警信息,分析联锁设备可能存在的问题。
①调看集中监测报警信息。
②根据以上问题,拟定检修内容及要求。

**2. 作业准备会**

(1)作业负责人布置集中检修任务,明确人员分工、作业时间及要求。
(2)由作业负责人布置劳动安全和行车安全的具体措施并做好安全预想。

**3. 防护用具检查**

(1)通信联络工具互通试验。
(2)按规定穿着工装、佩戴劳动防护用品。

**4. 工具、材料准备**

(1)工具准备:联络工具、防静电手环、数字万用表、钳形电流表、漏流测试盒、接地电阻测试仪、照明灯、螺丝刀、毛刷、吸尘器及联锁设备专用工具等,如图 3.16 所示。
(2)材料准备:棉纱、纺绸布、水晶头、网线、标签、扎带等。部分材料如图 3.17 所示。

### 二、登记联系

**1. 登记要点**

驻站联络员按照《铁路技术管理规程》《铁路行车组织规则》《铁路信号维护规则》中的有关要求和《电务专业施工(维修)在"行车设备施工登记簿"上登记、销记用语》格式,提前 40 分钟(高铁提前 60 分钟)完成登记,经车站值班员签认、调度命令下达后开始工作。

图 3.16　工具图(一)

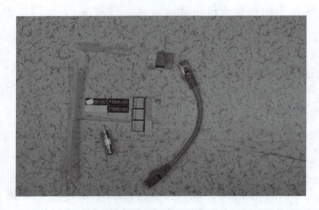

图 3.17　DS6-K5B 型计算机联锁系统电气标准化检修所需部分材料

**2. 作业联系**

驻站联络员在值台联系过程中必须认真执行《驻站联络员作业标准》,及时将施工(天窗)时间及控制台异常情况告知作业负责人,提醒作业人员做好施工(天窗)时间点卡控。

## 三、集中检修

集中检修时,要做到一看、二检、三复验。

**1. 一看**

(1)看维修机系统图(见图 3.18)是否正常。

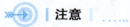  注意

除了看实时系统图有无红色显示和异常报警信息外,还需切换到回放模式,查看有无瞬间板件不良等异常报警。

图 3.18　维修机系统图

（2）看维修机有无异常报警信息，如图 3.19 所示。

图 3.19　查看维修机有无异常报警信息（一）

（3）看联锁设备与 RBC 系统、列控中心、CTC 系统、集中监测系统等的相互通信是否正常，本站联锁设备与邻站联锁设备的通信是否正常。联锁（邻站联锁）设备、RBC 系统、列控中心在安全数据网中，系统图给出了它们之间的通信状态，如图 3.20 所示。

图 3.20　连接图

①联锁设备通过控显机串口与 CTC 系统交叉相连,如图 3.20 所示。

②联锁设备通过维修机串口与集中监测设备相连,在集中监测站机上调看连接状态,如图 3.21 所示:

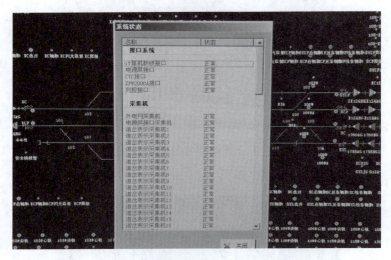

图 3.21　联锁设备与集中监测设备连接状态的查看

**2. 二检**

(1)测量两项内容。

①机柜接地线连通和机笼悬浮检查。可以测量检查机柜接地端子与机房接地桩是否连通,也可以用接地电阻表(钳形)直接测量接地线的接地电阻(接地电阻≤1 欧姆)。图 3.22 所示为机柜接地端子与机房接地桩是否连通的测量示意图。

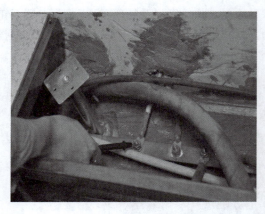 

图 3.22　机柜接地端子与机房接地桩是否连通的测量示意图

为检查机笼与地线是否悬浮,用万用表电阻挡测量,悬浮时电阻应为无穷大,如图 3.23 所示。

②电源设备测试。

a. 输入电源测试(AC 198～242 V),如图 3.24 所示。

图 3.23　检查机笼与地线是否悬浮示意图

图 3.24　输入电源测试示意图(一)

> **风险控制**
>
> 防止仪表挡位错误或表棒短路造成电源屏模块保护。

b. 接口、逻辑电压和电流记录(DC 24~26 V)。接口、逻辑电压和电流的显示如图 3.25 所示。

图 3.25　接口、逻辑电压和电流的显示

> **注意**
>
> 逻辑电源用于联锁系统各板件的供电,接口电源用作驱采电路的电源。有电压、电流显示窗的记录其数值。逻辑、接口电源均分别以两个开关电源为一组,使用时以电流调节平衡。

c. 逻辑、接口电源对地电流测试(≤1 MA),如图 3.26 所示。

图 3.26　逻辑、接口电源对地电流测试示意图

> **风险控制**
>
> 在测试对地漏流前,要先测试对地电压,判断有没有完全接地,确认没有完全接地后串入漏流测试盒,进行漏流测试。

(2)试验三项内容。
①二乘二取二系统对控显机和联锁 1、2 系手动切换双系同步试验。
a. 联锁 1、2 系手动切换,如图 3.27 所示。

图 3.27　联锁 1、2 系手动切换示意图

b. 控显 A、B 机倒换试验，如图 3.28 所示。

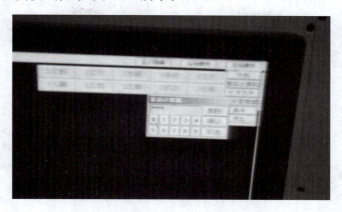

图 3.28　控显 A、B 机倒换试验示意图

> **注意**
>
> 方法一，分别在控显机 A 或 B 的显示器右上角"系统操作"中选择"重新启动"；方法二，分别在控显机 A 或 B 的显示器右上角"系统操作"中选择"关机"，然后在该控显机上长按电源按钮 5 秒钟后，控显机 A 或 B 指示灯面板仅电源灯亮时，表明已关机，再次按压电源按钮进行开机。控显机 A 或 B 的主备切换只相对 CTC 系统而言，联锁系统两个控制台有着同样的操作权限。

②UPS 电源充放电、切换试验，电源屏两路电源供电检查。

a. 对设有小型 UPS 的普速铁路联锁站，检查冗余转换盒的设置，对 UPS 进行充放电、倒换试验。

b. 对设有大型 UPS 的高速铁路联锁站，UPS 检修结合电源屏年检进行。

c. 对具有双电源供电的系统，分别逐路断开电源屏的电源输出空气开关，检查联锁机、控显机、控制台、音箱等，确保有一套可以正常使用。

③备件上机试验。

(3) 设备检修。

①机柜、机箱、防尘罩清扫，各部风扇检查，确保通风良好；各部螺丝紧固，机柜、机箱安装牢固，电气转换顺畅、无异声。设备检修示意图如图 3.29 所示。

②机柜内部配线和防雷单元检查，如图 3.30 所示，确认良好。

③机柜板件、内部设备指示灯巡检，如图 3.31 所示，确认无异常。

> **注意**
>
> 图 3.31 中为采用远程控显用的光电交换机，一方面要做好备用尾纤的标识和梳理；另一方面要对 4 对光纤三角形状态灯进行巡检，确保都在正常闪烁。

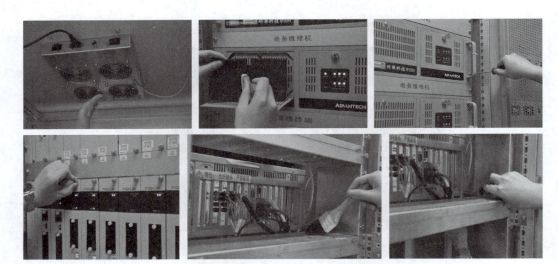

图 3.29　设备检修示意图(一)

图 3.30　机柜内部配线和防雷单元检查示意图(一)

正常为三角绿色闪烁

图 3.31　机柜板件、内部设备指示灯巡检示意图(一)

④检查敷设到位的备用视频线和鼠标线,如图 3.32 所示,确认标识清楚,且倒换试验良好。

图 3.32　检查敷设到位的备用视频线和鼠标线标识示意图

⑤显示器、键盘清扫,对厂家远程访问条件进行检查,确保键盘、鼠标作用良好,并对各类 USB 口、光驱、软驱进行加封检查,如图 3.33 所示。

图 3.33　键盘清扫,厂家远程访问条件检查以及 USB 口、光驱、软驱加封检查示意图

> (1)在大修、新建站,微机房必须安装铁路电话。
> (2)由于维修机位置固定,因此要预留好相应长度的电话线,以备急用。

⑥控显机日期、时钟应正确,应能自动与 CTC 系统(TDCS)进行校准,否则手动校准。

⑦控制台检查。检查控制台主备用鼠标、键盘线、各接线端子标识,确保标识清楚;检查电流表、视频放大器、分频器等器件接线端子、指针和显示灯,确保各接线端子固定良好,指针、显示灯状态良好;检查防尘防鼠条件,确保良好。

**3. 三复验**

(1)系统状态图正常,维修机无报警信息。

①检查联锁 1、2 系,控显 A、B 机,维修机,各板卡的工作状态,确认显示正常,没有红色故障表示。

②检查联锁机与控显机、维修机等本系统连接状态,确保正常;检查联锁系统与 CTC 系

统、邻站联锁设备、RBC 系统、TCC 系统的连接状态,确保正常。系统连接图如图 3.34 所示。

图 3.34　系统连接图

 注意

红色为异常报警信息。

③检查维修机,确保无报警信息,如图 3.35 所示。

图 3.35　维修机有无报警信息检查示意图

(2)试验良好,控制台无异常显示,与 CTC 系统(TDCS)、集中监测系统显示一致;语音报警正常。

①开放任一信号进行试验,检查道岔扳动、信号开放情况,并确认控制台无异常显示。
②开放信号后,核对联锁设备和 CTC 系统显示的一致性。
③填写检修记录后按要求关好机柜门。
④清点工具、材料,清理周围杂物等,做到现场工完料清。

**4. 销记汇报**

作业完毕,作业人员联系驻站联络员,由驻站联络员会同车站值班员进行排列进路、操纵道岔试验良好后,销记交付使用。

### 5. 小结

(1)分组汇报完成情况。
(2)点评当日作业、安全情况。
(3)布置遗留问题的处置、盯控任务。
(4)填写集中检修相关记录。

完成作业后,需进行相关考核,评分表如表 3.5 所示。

表 3.5 联锁设备维护项目考核评分表(一)

( 年 月 日 )

学号:　　　　姓名:　　　　班级:　　　　任课教师签字:

| 序号 | 考核项目 | 标准分 | 扣分原因 | 扣分 |
| --- | --- | --- | --- | --- |
| 1 | 工具、材料、仪表齐全 | 10 | 1. 未拿电表或工具,扣 2 分;<br>2. 工具、材料等需要他人代为准备的,扣 5 分 | |
| 2 | 正确使用工具、仪表 | 10 | 1. 未校对电表是否良好,扣 2 分;<br>2. 电表使用挡位不对,扣 2 分;<br>3. 错误使用电流、电阻挡,扣 5 分;<br>4. 工具使用不当,扣 5 分 | |
| 3 | 正确要点登记 | 10 | 1. 未经同意就动手试验看现象,扣 2 分;<br>2. 未汇报故障现象,扣 5 分;<br>3. 未要点或未同意点就开始检修,扣 10 分;<br>4. 要点范围不清楚,扣 5 分 | |
| 4 | 正确按流程作业 | 20 | 1. 需别人指助拿电表、图纸及查阅图,扣 5 分;<br>2. 思路混乱、无头绪,扣 5 分 | |
| 5 | 安全操作 | 20 | 1. 操作或摆放不当造成设备、工具、仪表等损坏,扣 10 分;<br>2. 操作不当造成熔断器烧毁,扣 10 分;<br>3. 使用封连线等违章手段处理故障,扣 10 分 | |
| 6 | 作业 | 20 | 1. 未试验,扣 2 分;<br>2. 未销点,扣 5 分;<br>3. 未汇报,扣 2 分 | |

续表

| 序号 | 考核项目 | 标准分 | 扣分原因 | 扣分 |
|---|---|---|---|---|
| 7 | 团队合作 | 10 | 未参加团队工作,此项0分 | |
| | 合计 | 100 | | |
| | 合计得分 | | | |

# 项目 4
# TYJL-Ⅱ型计算机联锁维护手册

## 📘 项目描述

TYJL-Ⅱ型计算机联锁系统由中国铁道科学研究院集团有限公司研发,目前我校 3-109 有一套完整的实训设备。该系统最大限度地利用软、硬件资源,对直接危及行车安全的联锁逻辑处理提出高的故障安全要求,结构简单,组态灵活,采用联锁软件冗余及其他容错技术大大提高了安全性和可靠性。该系统计算机联锁容量不受限制,采集板和驱动板支持热拔插功能,可以实现在线维护,减少了更换时间。

该系统目前在干线铁路、高速铁路、城市轨道交通中有广泛的应用。本项目由 TYJL-Ⅱ型联锁机柜认知及巡视、TYJL-Ⅱ型计算机联锁系统集中检修两个递进式任务组成。通过对本项目的学习,学生应能够掌握该系统的标准化操作、标准化检修、常见故障处理方法。

## 📘 岗位技能要求

铁路特有工种技能培训规范《铁路信号工(车载信号设备维修)》中级工技能要求之:
(1)能测试、分析管内信号设备电气特性;
(2)能在"行车信号设备检查登记簿"上登记、销记;
(3)能进行计算机联锁设备故障的人工切换;
(4)能识读信号设备接线图、配线图;
(5)能检修管内信号设备。
铁路特有工种技能培训规范《铁路信号工(车载信号设备维修)》高级工技能要求之:
(1)能判断、更换计算机联锁设备故障硬件;
(2)能判断、处理计算机联锁设备开路故障。

## 📘 岗位职业守则

(1)遵守法律、法规和有关规定;
(2)爱岗敬业,具有高度的责任心;
(3)严格执行工作程序、工作规范、工作技术标准和安全操作规程;
(4)工作认真负责,具有高度的责任感和良好的团队合作精神;
(5)爱护设备及工具、仪器、仪表;
(6)着装整洁,符合规定;
(7)保持工作环境清洁有序,文明生产;
(8)刻苦学习,钻研业务,努力提高技术文化素质。

# 任务 1　TYJL-Ⅱ型联锁机柜认知及巡视

本任务的目标是：能够正确认识 TYJL-Ⅱ型联锁机柜的结构。

## 任务 1.1　TYJL-Ⅱ型联锁机柜认知及巡视工作清单

TYJL-Ⅱ型联锁机柜认知及巡视工作清单如下。
(1)拍照并标注 TYJL-Ⅱ型联锁机柜的正面。

(2)拍照并标注 TYJL-Ⅱ型控显机柜的背面(注意标清电缆)。

(3)绘制 TYJL-Ⅱ型联锁站室内设备系统连接图。

(4)拍照并标注计算机层板卡。

(5)正确巡视 TYJL-Ⅱ型计算机联锁设备并填写巡视记录表。巡视记录表样表如表4.1所示。

## 表 4.1 计算机联锁设备巡视记录表

站_____　　　　　　　　　　　　　　　　　　　　　　　　　　　　　测试人：_____

| 设备名称 | 联锁机(LS) | | | | | | | | | | | | | | | | | | | | | | | | | | | | | | 监控机 | | | | | | 巡视人 | 备注 |
|---|---|---|---|---|---|---|---|---|---|---|---|---|---|---|---|---|---|---|---|---|---|---|---|---|---|---|---|---|---|---|---|---|---|---|---|---|---|---|
| 巡视内容 | 主控灯亮 | | 工作灯亮 | | 备机灯亮 | | 联机灯亮 | | 同步灯亮 | | Ⅰ接发灯亮 | | Ⅱ接发灯亮 | | Ⅲ接发灯亮 | | Ⅳ接发灯亮 | | Ⅰ中断灯亮 | | Ⅱ中断灯亮 | | Ⅲ中断灯亮 | | Ⅳ中断灯亮 | | 联机手柄位置 | | 监控机手柄位置 | | 显示屏 | | 键盘锁 | | UPS | | | |
| 日期　时间 | A | B | A | B | A | B | A | B | A | B | A | B | A | B | A | B | A | B | A | B | A | B | A | B | A | B | 中 | B | 中 | B | A | B | A | B | A | B | | |
| | | | | | | | | | | | | | | | | | | | | | | | | | | | | | | | | | | | | | | |
| | | | | | | | | | | | | | | | | | | | | | | | | | | | | | | | | | | | | | | |
| | | | | | | | | | | | | | | | | | | | | | | | | | | | | | | | | | | | | | | |
| | | | | | | | | | | | | | | | | | | | | | | | | | | | | | | | | | | | | | | |

说明：1. 微机联锁设备每天巡视两次，规定时间为：8：00—9：00 和 18：00—19：00；2. 填表时，灯亮的打√，灯不亮的不用填。

## 任务1.2　TYJL-Ⅱ型联锁机柜认知及巡视工作手册

工作地点：TYJL-Ⅱ型计算机联锁实训室。

>
>
> （1）每日应至少巡视两次主备机的工作状态，首先观察联锁机的面板指示灯。
> （2）每天查看一次维修机的故障记录，包括机柜自检错误、灯丝转换、熔丝报警等记录，并做相应的记录。
> （3）定期检查备品备件的完好性，在雨季备用的LCD显示器、电源等应接通220 V电压并保存一个星期左右。
> （4）在雷雨季节来临以前，要检查防雷器件、综合地线的完好性。

TYJL-Ⅱ型计算机联锁系统为双机热备型计算机联锁系统、分布式多计算机系统，主要由控制台、监控机、联锁机、执表机和电务维修终端组成。控制台和电务维修终端是单套配置；监控机、联锁机、执表机为主、备双套配置。联锁机、执表机具有热备和自动切换功能，监控机采用双机工作、人工切换模式。TYJL-Ⅱ型计算机联锁系统的结构图和实物图如图4.1所示。

### 一、联锁机柜

联锁机柜的功能如下。
（1）实现与上位机和执表机的通信调度。联锁机采用循环呼叫应答方式，如果通信不通，则超时报警及退出，接着呼叫下一个设备。联锁机备机时（在联机状态下），定时呼叫主机进行信息交换和信息比较。
（2）实现信号设备的联锁逻辑处理功能，完成进路选、锁闭，发出开放信号和动作道岔的控制命令。
（3）采集现场信号设备状态信息，如轨道状态信息、道岔表示状态信息、信号机状态信息等。
（4）输出动态控制命令，通过动态驱动板驱动偏极继电器，控制现场设备。

### 二、联锁机柜计算机层

联锁机柜计算机层全览如图4.2所示。

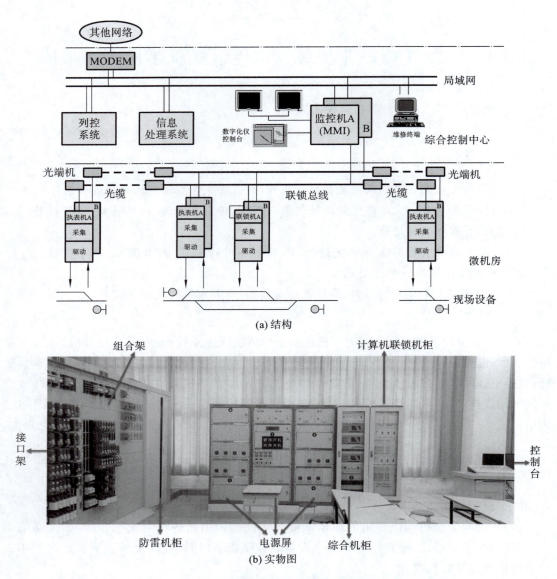

图 4.1 TYJL-Ⅱ型计算机联锁系统的结构图和实物图

## 三、计算机层板卡及巡视注意事项

### 1. APCI5093 型 CPU 板

APCI5093 型 CPU 板用于联锁运算,并通过两块 APCI5656 型 ARCNET 通信板与两台监控机以及采集板、驱动板进行通信。在 APCI5093 型 CPU 板正面面板上设有运行、中断、通信等指示灯,若运行指示灯闪烁,则表示 APCI5093 型 CPU 板运行正常,反之,可判断为 APCI5093 型 CPU 板或 APCI5656 型 ARCNET 通信板故障。APCI5093 型 CPU 板面板上各指示灯的含义如图 4.3 所示。在图 4.3 中,对于 8 个状态指示灯,编号 1、3、5、7 分别指右侧从上到下的 4 个状态指示灯,编号 2、4、6、8 分别指左侧从上到下的 4 个状态指示灯。

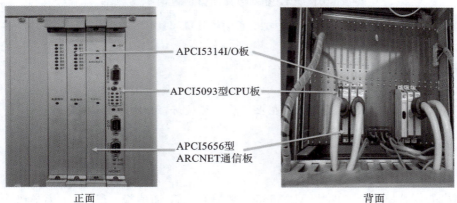

图 4.2 联锁柜计算机层全览图

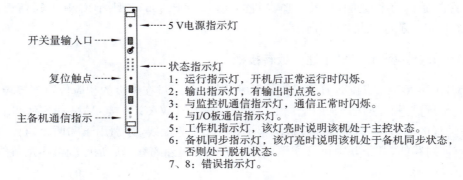

图 4.3 APCI5093 型 CPU 板图

## 2. APCI5093 型 CPU 板的 FLASH 芯片

联锁程序固化在 APCI5093 型 CPU 板上的 U16、U17 两个 FLASH 芯片上,只要开启计算机层的工作电源,程序就开始运转。图 4.4 所示为 APCI5093 型 CPU 板上两个 FLASH 芯片的实物图。更换该芯片时,必须对应更换,不能出错。在现场需要更换 APCI5093 型 CPU 板时,必须将原 APCI5093 型 CPU 板上的这两个芯片更换到新的 APCI5093 型 CPU 板上。

图 4.4　APCI5093 型 CPU 板的两个 FLASH 芯片的实物图

 注意

APCI5093 型 CPU 板的跳线在出厂前已经设好,维修中切勿更改。

## 3. APCI5656 型 ARCNET 通信板

联锁机的计算机层共有两块 APCI5656 型 ARCNET 通信板。其中:远离 APCI5093 型 CPU 板的 APCI5656 型 ARCNET 通信板用于计算机层的 APCI5093 型 CPU 板与采集板、驱动板之间进行 CAN 通信;与 APCI5093 型 CPU 板临近的 APCI5656 型 ARCNET 通信板用于实现联锁主、备机之间,以及对监控机的通信。APCI5656 型 ARCNET 通信板的面板上有 4 个状态指示灯,如图 4.5 所示。

## 4. APCI5656 型 ARCNET 通信板转接板

APCI5656 型 ARCNET 通信板转接板(见图 4.6)通过在母板的相应位置连接转接板的方式与其他部分进行连线。其中上面的三个万可端子(WAGO)接 CAN 通信线,用于与采集板、驱动板的通信;下面两个插座接两根 ARCNET 通信线,分别用于和两个监控机通信。另外还有四对跳线,其中联锁机 B 机下面两对跳线有短连跨线,联锁机 A 机不用跳线,用以区分 A、B 机。

联锁机 A、B 机之间采用 ARCNET 通信方式,两套联锁机与两套监控机之间的通信也采用 ARCNET 通信方式。联锁机 A、B 机之间的主备通信采用 APCI5093 型 CPU 板本身

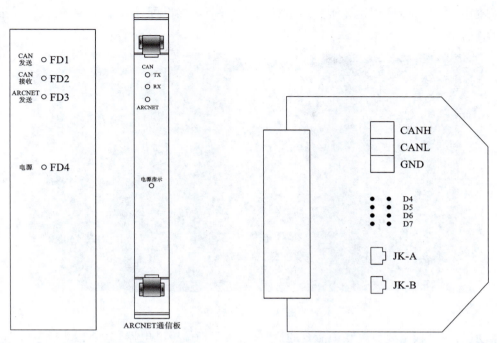

图 4.5　APCI5656 型 ARCNET 通信板图　　图 4.6　APCI5656 型 ARCNET 通信板转接板示意图

所带的 ARCNET 端口 J22 或 J23 实现。联锁机 A、B 机与监控机 A、B 机之间的通信采用 APCI5656 型 ARCNET 通信板实现，一块 APCI5656 型 ARCNET 通信板可以提供两个 ARCNET 通信端口，如图 4.7 所示。

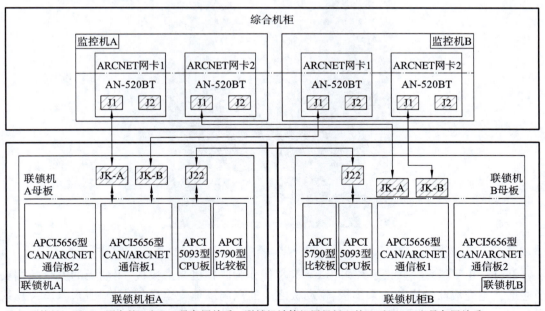

注：监控机ARCNET网卡的J1和J2口是备用关系，联锁机计算机层母板上的J22和J23口也是备用关系。

图 4.7　联锁机 A、B 机之间 ARCNET 通信示意图

采集层：主要负责联锁运算所需的信息采集，每个采集板可以采集32路信息。采集层如图4.8所示。

图 4.8　采集层

驱动层：驱动板主要负责联锁命令的执行，直接驱动偏极继电器，每个驱动板包含16路驱动通道。驱动板具有完善的自诊断功能，系统周期性检测驱动回路正确与否，任意一路驱动回路故障均可及时检出。驱动板采用双CPU结构，通过双CPU间的比较校验，保证命令的正确执行。驱动层如图4.9所示。

图 4.9　驱动层

TYJL-Ⅱ型（静态）联锁系统采用CAN总线作为联锁机与采集板、驱动板的安全数据交换通道。它完成联锁机与各采集板、驱动板之间的双向高速安全数据交换功能。CAN总线为蛇形连接，总线末端需接匹配电阻，也就是在最后一块采集机笼或驱动机笼母板上封连匹配电阻跳线，如图4.10所示。

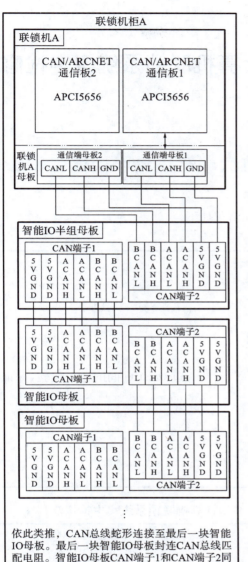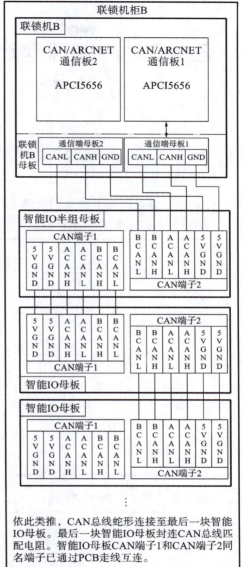

依此类推，CAN 总线蛇形连接至最后一块智能 IO 母板。最后一块智能 IO 母板封连 CAN 总线匹配电阻。智能 IO 母板 CAN 端子1和 CAN 端子2同名端子已通过 PCB 走线互连。

依此类推，CAN 总线蛇形连接至最后一块智能 IO 母板。最后一块智能 IO 母板封连 CAN 总线匹配电阻。智能 IO 母板 CAN 端子1和 CAN 端子2同名端子已通过 PCB 走线互连。

注：联锁机柜A和联锁机柜B各一条CAN总线，两条总线没有任何关系。

图 4.10　CAN 通信关系图

## 任务 2　TYJL-Ⅱ型计算机联锁系统集中检修

### 任务 2.1　TYJL-Ⅱ型计算机联锁系统集中检修工作清单

TYJL-Ⅱ型计算机联锁系统集中检修工作清单如下。

（1）正确准备测试工具并拍照粘贴。

（2）根据工作手册用绘图工具绘制 TYJL-Ⅱ型计算机联锁系统集中检修流程图。

（3）以小组为单位按流程（见表 4.2）作业并正确填写工作记录（见表 4.3）。

表 4.2　TYJL-Ⅱ型计算机联锁系统集中检修工作流程

| 设备 | 修程 | 频率 | 维修内容 | 维修方法 | 维修标准 | 完成情况 |
|---|---|---|---|---|---|---|
| 联锁机柜、上位机、维修机 | 日常保养 | 每日 | 检查设备运行状态 | 目测及手动试验 | 1.电源层各电源指示灯亮,按压非自复式电压查询按钮,能在数字电压表上显示需查询的电压值。<br>2.STD层的指示灯显示正常:<br>①CPU运行指示灯以跑马灯形式从左至右滚动显示;<br>②第一、第二、第四组通信收发灯闪烁;<br>③中断2灯闪烁,中断1灯和中断3灯灭灯;<br>④5 V、12 V、12 V三组电源指示灯亮;<br>⑤主机上的工作灯和主控灯亮绿灯,同步灯、联机灯和备用灯均灭灯显示;备机上工作灯和主控灯灭灯;同步灯、联机灯和备用灯均亮灯显示。<br>3.采集层上每块采集块的板选灯闪烁。<br>4.驱动板上每一位灯快速闪烁 | |
| | | | | 目测查询并访问操作人员 | 各项记录完整,查看上位机F1~F6功能键内容,查看维修机报警窗口,了解设备状态,以便及时排除硬件故障;查询主、备机记录 | |
| | | | | 目测及手动试验 | 电源指示灯处于稳定亮状态,显示器显示正常,鼠标的移动及键盘各键的使用正常 | |
| | | | 检查设备外表 | 目测 | 外观良好、稳固、门锁好;电缆进线口封堵良好 | |
| | | 每周 | 清洁外表 | 使用毛刷及抹布、全能水清洁柜体 | 设备表面无积尘、无污点、无水迹、无杂物 | |
| | | 每月 | 检查设备运行状态 | 用数字万用表测试电压 | 总线电源为(5.0±0.3) V;采集、驱动电源电压为(12±0.5) V。发现电压低于工作范围时及时上报、登记和先评估再更换 | |
| | | | 内部检查 | 目测及手动试验 | 1.风扇安装牢固,不松动;扇叶旋转良好,无卡阻,无过大噪声;<br>2.电容器、二极管(包括采集回线处的)、滤波器、防雷元件良好;<br>3.各空气开关及保护电器安装牢固,容量符合图纸标准,接触良好;<br>4.各切换手柄安装牢固,不松动,根部不旋转,扭动灵活,不旷动,不卡阻,不失效;<br>5.接点的接通和断开与按钮的按压、停留、复位的位置关系正确; | |

续表

| 设备 | 修程 | 频率 | 维修内容 | 维修方法 | 维修标准 | 完成情况 |
|---|---|---|---|---|---|---|
| 联锁机柜、上位机、维修机 | 日常保养 | 每月 | 内部检查 | 目测及手动试验 | 6. 自复式按钮按压后能自动恢复到定位,非自复式按钮按压后应可靠地保持,按钮在受到振动时,接点不得错接或错断;<br>7. 各种按钮应安装牢固,无松动及旋转;<br>8. 总线机笼固定良好,不松动,无异味;<br>9. 槽路插拔电路板不卡阻、不松动;<br>10. 插槽与板件装插良好,焊点良好,焊接点光滑牢固无毛刺,螺丝紧固;<br>11. 联锁总线不松动,接触良好;<br>12. 配线线头无伤痕、压线和断股,无引起混电的可能,引入与引出端子编号和标签清晰;<br>13. 各接线(包括扁平电缆、32 位航空插头端子和普通电缆等)端子及紧固零件无松动,焊头焊接牢固,无断线、无接触不良、无锈点、表皮无破损;<br>14. 各线缆无断股(断股不超 1/5 股),线槽与槽盖紧扣良好,配线排列整齐,无破皮;<br>15. 风扇清洁无尘埃,表示指示灯正常闪烁 | |
| | | | 设备运行检查、冗余试验 | 主备机切换试验 手扳动各种手柄试验 | 1. LSA、LSB 切换试验:主备机在同步状态下切换不影响已开放的信号,主机故障时能自动切换到备机,备机故障时能自动脱机;<br>2. JK-A、JK-B 切换试验:监控机切换不影响信号开放及现场操作,控制台显示屏在短暂的黑屏后自动恢复 | |
| | | | | 目测及手动试验检查显示器 | 显示图像清晰、色彩鲜艳、明暗度对比度适中,电源指示灯、电源开关及调整功能正常 | |
| | | | | 目测灯位显示 | 灯位显示正常 | |
| | | | | 手动试验检查键盘、鼠标功能 | 键盘、鼠标表面清洁,内部无尘,操作良好 | |

续表

| 设备 | 修程 | 频率 | 维修内容 | 维修方法 | 维修标准 | 完成情况 |
|---|---|---|---|---|---|---|
| 联锁机柜、上位机、维修机 | 日常保养 | 每月 | 卫生清洁 | 使用毛刷及抹布、全能水清洁柜体 | 1. 机柜外罩无灰尘；<br>2. 指示面板干净清晰；<br>3. 总线机笼、电源、各配线整齐，无灰尘 | |
| | | | | 清洁显示屏，使用毛扫及抹布、全能水清洁机壳 | 使用屏幕清洁剂，设备表面干净，键盘、鼠标表面无灰尘，操作良好灵活 | |
| | | | | 用毛刷及抹布、吸尘器清洁，清洗防尘网，检查风扇 | 1. 风扇转动时没有噪声，保持一定的风量，以起到散热作用；<br>2. 主板、内存条、处理器等部件干净；<br>3. 清洁联锁机柜、上位机机箱、维修机机箱防尘绵网 | |
| | | | 清洁内部部件 | 用毛刷及抹布、吸尘器清洁机器内部灰尘 | 1. 机器内部干净，插接板插接牢固且密贴性良好；<br>2. 各接口的螺丝紧固，连接线连接牢固、无断线、无接触不良、表皮无破损。<br>注意：毛刷把导电部分用绝缘胶布包好 | |
| | | | 设备整治 | 目测，毛刷及抹布清洁 | 1. 电源模块无过大噪声及过热，无异味，电容器良好；<br>2. 配线排列整齐，无破皮，各部端子无松动；<br>3. 线头无伤痕和混电的可能，引入与引出端子有编号，标签清晰；<br>4. 熔断器底座牢固，容量符合图纸标准，接触良好；<br>5. 内部及屏面清扫干净，无灰尘，走线架电缆、电源线整齐，清扫干净。<br>注意：毛刷把导电部分用绝缘胶布包好 | |
| | | | 线缆检查 | 目测、外观检查 | 1. 压线螺丝紧固，无断股（断股不超 1/5 股），无锈点；<br>2. 各防雷元件外观良好，未翻牌 | |
| | | | 功能测试 | 手动排列进路试验 | 成功排列一条接车进路、一条发车进路、一条调车进路 | |

表 4.3　TYJL-Ⅱ型计算联锁系统集中检修工作记录表

_____月_____日　　　星期_____　　　天气_____

| 访问记录 | 用户反映 | | |
|---|---|---|---|
| 访问人 | | | |
| 风险研判及安全预想 | | | |
| 姓名 | 工作项目内容 | | |
| | | | |
| | | | |
| | | | |
| | | | |
| | | | |
| | | | |
| | | | |
| | | | |
| | | | |
| 工作点评<br>（任务、质量、安全问题及措施） | | | |
| 交接班记录 | 交班人： | | 接班人： |
| | 设备运用情况 | | |
| | 配合外单位情况 | | |
| | 加封、计数器 | | |
| 特殊记事 | | | |

注：风险研判及安全预想、工作点评可以录音方式存档，问题纳入设备缺点克服及待修记录。

（4）正确进行 TYJL-Ⅱ型计算机联锁系统Ⅰ级测试并填表。样表如表 4.4 所示。

车站：　　　　　　　　　　　　　　　　　　　　　　　仪表及型号：

**表4.4　TYJL-Ⅱ型(非标机柜老Ⅱ型)计算机联锁系统Ⅰ级测试记录表**

| 序号 | 联锁A机 | | | | | 挟表A机 | | | | | 联锁B机 | | | | | 挟表B机 | | | | | 配电柜 | 组合架(电源屏) | | | | 测试日期 | 测试人 |
|---|---|---|---|---|---|---|---|---|---|---|---|---|---|---|---|---|---|---|---|---|---|---|---|---|---|---|---|
| | 计算机电源+5V电压 | 计算机电源+12V电压 | 计算机电源-12V电压 | 采集电源+12V(T)电压 | 驱动电源+12V(Q)电压 | 计算机电源+5V电压 | 计算机电源+12V电压 | 计算机电源-12V电压 | 采集电源+12V(T)电压 | 驱动电源+12V(Q)电压 | 计算机电源+5V电压 | 计算机电源+12V电压 | 计算机电源-12V电压 | 采集电源+12V(T)电压 | 驱动电源+12V(Q)电压 | 计算机电源+5V电压 | 计算机电源+12V电压 | 计算机电源-12V电压 | 采集电源+12V(T)电压 | 驱动电源+12V(Q)电压 | 直流稳压电源电压(联锁机切换电源) | 动态电源1电压/电流(DKZ/DKF) | 动态电源1对地电流 | 动态电源2电压/电流(DKZ/DKF) | 动态电源2对地电流 | | |
| 指标 | V 5±0.1 | V 12±1.2 | V 12±1.2 | V 12±1.2 | V 12±1.2 | V 5±0.1 | V 12±1.2 | V 12±1.2 | V 12±1.2 | V 12±1.2 | V 5±0.1 | V 12±1.2 | V 12±1.2 | V 12±1.2 | V 12±1.2 | V 5±0.1 | V 12±1.2 | V 12±1.2 | V 12±1.2 | V 12±1.2 | V 24±2.0 | V/A | mA 0 | V/A 0 | mA 0 | | |
| 1 | | | | | | | | | | | | | | | | | | | | | | | | | | | |
| 2 | | | | | | | | | | | | | | | | | | | | | | | | | | | |
| 3 | | | | | | | | | | | | | | | | | | | | | | | | | | | |
| 4 | | | | | | | | | | | | | | | | | | | | | | | | | | | |
| 5 | | | | | | | | | | | | | | | | | | | | | | | | | | | |
| 6 | | | | | | | | | | | | | | | | | | | | | | | | | | | |
| 7 | | | | | | | | | | | | | | | | | | | | | | | | | | | |
| 8 | | | | | | | | | | | | | | | | | | | | | | | | | | | |

说明：1. 周期：各项每年测试1次。

2. 方法：在相应电源测试孔上或输出端子上进行测试。动态稳压电源有的站放置在组合架，有的站放置在电源屏内部。在其外端子上直接测试电压和对地漏流。

(5)正确进行 TYJL-Ⅱ型计算机联锁系统各部分地线级测试并填表。样表如表 4.5 所示。

表 4.5　TYJL-Ⅱ型计算机联锁系统信号设备地线电阻Ⅰ级测试记录表

车站：　　　测试日期：　　　天气：　　　测试人：　　　仪表及型号：

| 序号 | 接地装置使用处所 | 接地电阻/Ω | 序号 | 接地装置使用处所 | 接地电阻/Ω | 序号 | 接地装置使用处所 | 接地电阻/Ω |
|---|---|---|---|---|---|---|---|---|
|  |  |  |  |  |  |  |  |  |
|  |  |  |  |  |  |  |  |  |
|  |  |  |  |  |  |  |  |  |
|  |  |  |  |  |  |  |  |  |
|  |  |  |  |  |  |  |  |  |
|  |  |  |  |  |  |  |  |  |
|  |  |  |  |  |  |  |  |  |
|  |  |  |  |  |  |  |  |  |
|  |  |  |  |  |  |  |  |  |

说明：1. 周期：每年测试一次。
　　2. 标准：综合接地装置(合用接电体、贯通地线、地网)小于 1 Ω；采用分散接地方式时，防雷地线小于 10 Ω，安全地线小于 10 Ω，屏蔽地线小于 10 Ω，微电子和计算机保护地线(含移频、微机联锁、微机监测、TDCS)小于 4 Ω；ZPW-2000 室外设备的安全地线、防雷地线、屏蔽地线应与贯通地线连接，小于 1 Ω。
　　3. 说明：测试室内设备地线时，对等电位汇流排地线、电源屏各屏、分线盘各种地线、防雷柜各柜地线、组合架各架地线、电子设备各机柜地线、控制台各柜地线、电缆井地线、电缆成端地线、配电箱地线等设备末端地线，应进行测试记录。

## 任务 2.2　TYJL-Ⅱ型计算机联锁系统集中检修工作手册

工作地点：TYJL-Ⅱ型计算机联锁实训室。

## 一、作业前准备

**1. 预测预判**

(1)询问所在工区人员和车站值班员联锁设备运行情况,了解联锁设备运行过程中存在的问题。

①询问工区人员联锁设备运行情况(见图4.11)。

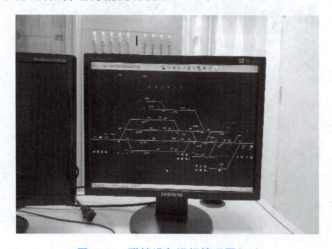

图 4.11　联锁设备运行情况图(一)

②询问车站值班员联锁设备运行情况(见图4.12)。

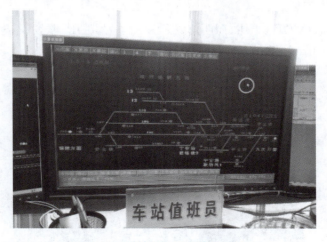

图 4.12　联锁设备运行情况图(二)

(2)通过调阅集中监测报警信息,分析联锁设备可能存在的问题。

①调看集中监测报警信息,如图4.13所示。

②根据以上问题,拟定检修内容及要求。

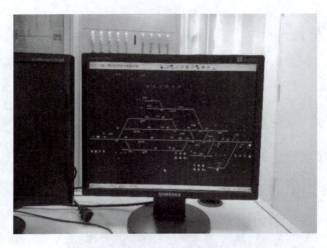

图 4.13　集中监测报警信息图

**2. 作业准备会**

(1)作业负责人布置集中检修任务,明确人员分工、作业时间及要求。
(2)由作业负责人布置劳动安全和行车安全的具体措施并做好安全预想。

**3. 防护用具检查**

(1)通信联络工具互通试验。
(2)按规定穿着工装、佩戴劳动防护用品。

**4. 工具、材料准备**

(1)工具准备:联络工具、卡钳、照明灯、扳手、螺丝刀、毛刷、联锁设备专用工具、万用表、斜口钳、尖嘴钳等,如图 4.14 所示。

图 4.14　工具图(二)

(2)材料准备：水晶头、网线、线卡、工控机过滤网、内存条、标签、鼠标、电源线，不同规格的串口转换卡和扎带若干等。部分材料如图 4.15 所示。

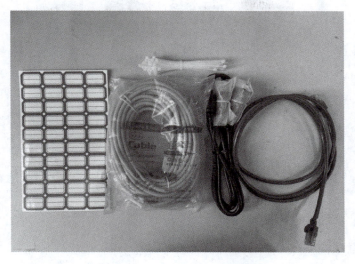

图 4.15　TYJL-Ⅱ型计算机联锁系统集中检修所需部分材料

## 二、登记联系

### 1. 登记要点

驻站联络员提前 40 分钟（高铁提前 60 分钟）到车站信号楼，按照《铁路技术管理规程》《铁路行车组织规则》《铁路信号维护规程》中的有关要求和《电务部门作业在"运统-46"上登记、销记用语》样板，在"行车设备施工登记簿（运统-46 施工）"内登记，经车站值班员签认，双调度命令下达后开始工作。

### 2. 作业联系

驻站联络员在值台联系过程中必须认真执行《驻站联络员作业标准》，及时将施工（天窗）时间及控制台异常情况告知作业负责人，提醒作业人员做好施工（天窗）时间点卡控。

## 三、集中检修

集中检修时，要做到一看、二检、三复验。

### 1. 一看

（1）看系统图是否正常。系统正常图如图 4.16 所示。

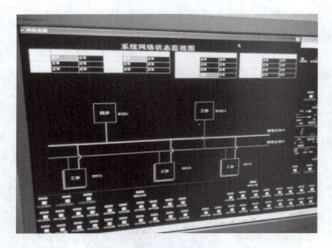

图 4.16　系统正常图

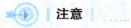 注意

除了看实时系统图有无红色显示和异常报警信息外,还需切换到回放模式,以捕捉瞬间板件不良等异常隐患。系统没有异常时图形不会变化。

(2)看维修机有无异常报警信息,如图 4.17 所示。

图 4.17　查看维修机有无异常报警信息(二)

(3)看联锁设备与 CTC 系统(TDCS)、集中监测系统等关联设备间的相互通信是否正常。通道图如图 4.18 所示。

## 2. 二检

(1)测量两项内容。

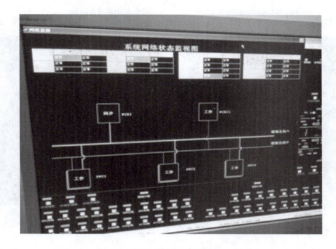

图 4.18 通道图

①机柜接地线连通和机笼悬浮检查。可以测量检查机柜接地端子与机房接地桩是否连通,也可以用接地电阻表(钳形)直接测量接地线的接地电阻。图 4.19 所示为测量机柜接地端子与机房接地桩是否连通示意图。

图 4.19 测量机柜接地端子与机房接地桩是否连通示意图

为检查机笼与地线是否悬浮,用万用表电阻挡测量,悬浮时电阻应为无穷大。
②电源设备测试。

a. 输入电源测试,如图 4.20 所示。

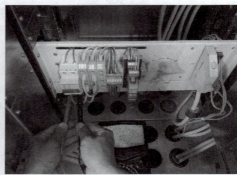

图 4.20　输入电源测试示意图(二)

> ▶ **风险控制**
>
> 　　防止仪表挡位错误或表棒短路造成电源屏模块保护。
>
> ▶ **注意**
>
> 　　高铁、客专电源屏分两个模块分别给联锁的Ⅰ、Ⅱ系供电,因此测试两个输入电压值。

b. 24 V 电压和电流记录。24 V 电压和电流的显示如图 4.21 所示。

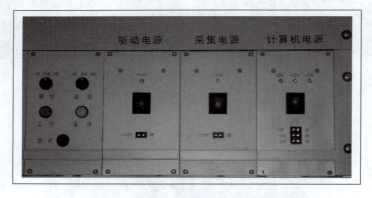

图 4.21　24 V 电压和电流的显示

c. 24 V 电源对地电流测试,如图 4.22 所示。

> ▶ **风险控制**
>
> 　　在测试对地漏流时,要串入漏流测试盒。

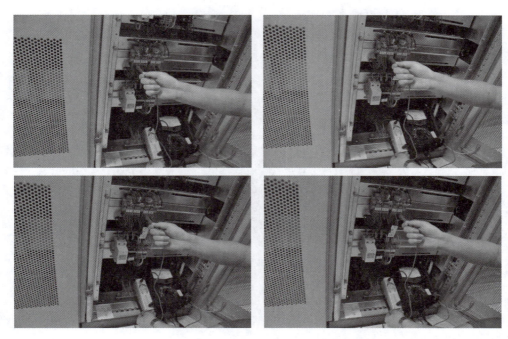

图 4.22　24 V 电源对地电流测试示意图

(2)试验三项内容。

①二乘二取二系统对监控机和联锁Ⅰ、Ⅱ系手动切换双系同步试验。

a. 联锁Ⅰ、Ⅱ系手动切换，如图 4.23 所示。

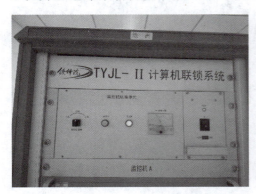
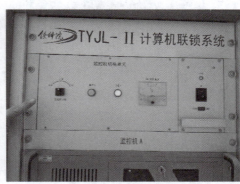

图 4.23　联锁Ⅰ、Ⅱ系手动切换示意图

b. 监控 A、B 机倒换试验，如图 4.24 所示。

②UPS 电源充放电、切换试验，电源屏两路电源供电检查。

a. 对设有小型 UPS 的普速铁路联锁站，检查冗余转换盒的设置，对 UPS 进行充放电、倒换试验。

b. 对设有大型 UPS 的高速铁路联锁站，UPS 检修结合电源屏年检进行。

c. 对电源屏模块有两路联锁输出电源到联锁机柜的，分别逐路断开电源屏模块的电源输出空气开关，检查联锁机、监控机、控制台、音箱等，确保有一套可以正常使用。

③备件上机试验。

图 4.24 监控 A、B 机倒换试验示意图

(3)设备检修。

①机柜、机箱、防尘罩清扫,各部风扇检查,确保通风良好;各部螺丝紧固,机柜、机箱安装牢固,电气转换顺畅、无异声,如图 4.25 所示。

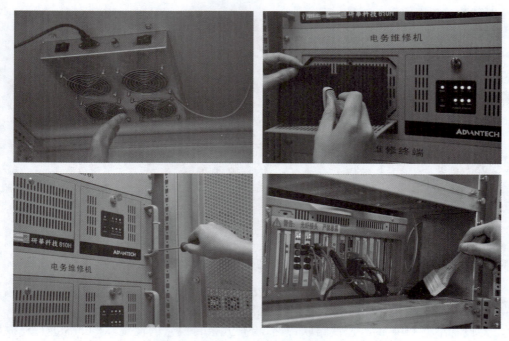

图 4.25 设备检修示意图(二)

②机柜内部配线和防雷单元检查,如图 4.26 所示。
③机柜板件、内部设备指示灯巡检,如图 4.27 所示,确保无异常。

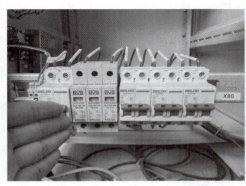
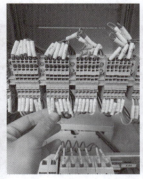
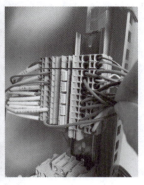

图 4.26　机柜内部配线和防雷单元检查示意图(二)

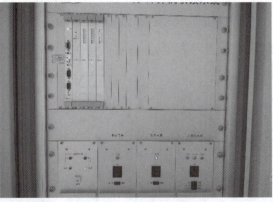
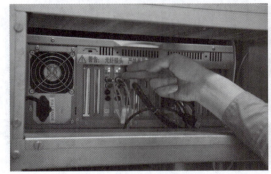

图 4.27　机柜板件、内部设备指示灯巡检示意图(二)

> **注意**
>
> 图 4.27 中为采用远程监控用的光电交换机,一方面要做好备用尾纤的标识和梳理;另一方面要对 4 对光纤三角形状态灯进行巡检,确保都在正常闪烁。

④检查敷设到位的备用视频线和鼠标线,如图 4.28 所示,确保标识清楚,且倒换试验

良好。

图 4.28　视频线和鼠标线检查图

⑤显示器、键盘清扫,对厂家远程访问条件进行检查,确保键盘、鼠标作用良好,并对各类 USB 口、光驱、软驱进行加封检查,如图 4.29 所示。

图 4.29　USB 口、光驱、软驱加封检查示意图

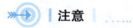

注意

(1)在大修、新建站,微机房必须安装铁路电话。
(2)由于维修机位置固定,因此要预留好相应长度的电话线,以备急用。

⑥微机日期、时钟应正确,有误差时在维修机上及时与 CTC 系统(TDCS)进行校准,如图 4.30 所示。

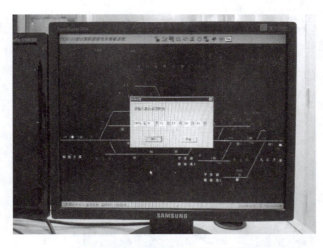

图 4.30　微机日期、时钟校准示意图

⑦控制台检查。检查控制台主备用鼠标、键盘线、各接线端子,确保标识清楚;检查电流表、视频放大器、分频器等器件,确保接线端子固定良好,指针、显示灯状态良好;检查防尘防鼠条件,确保良好。

**3. 三复验**

(1)系统状态图正常,维修机无报警信息。

①检查联锁Ⅰ、Ⅱ系,监控 A、B 机,维修机,各采集板、驱动板的工作状态,确认显示正常,没有红色故障表示,如图 4.31 所示。

图 4.31　系统状态、维修机复验示意图

②检查联锁机与监控机、维修机等本系统连接状态,确保正常;检查联锁系统与CTC系统(TDCS)的连接状态,确保正常,如图4.32所示。

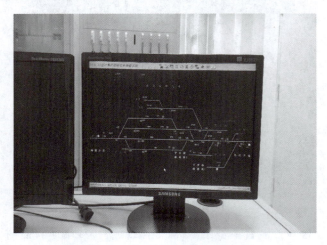

图4.32 系统状态图

③检查维修机有无报警信息,如图4.33所示。

图4.33 检查维修机有无报警信息示意图

(2)试验良好,控制台无异常显示,与CTC系统(TDCS)、集中监测系统显示一致;语音报警正常。

①开放任一信号进行试验,检查道岔扳动、信号开放情况,并确认控制台无异常显示,并对与CTC系统显示的一致性进行检查,如图4.34所示。

②填写检修记录后按要求关好机柜门。

③按要求对各项检修工作进行记录,关好机柜门,如图4.35所示。

④清点工具、材料,清理周围杂物等,做到现场工完料清。

### 4. 销记汇报

作业完毕,作业人员联系驻站联络员,由驻站联络员会同车站值班员进行排列进路、操

图 4.34　控制台与 CTC 系统显示的一致性检查核对图

图 4.35　机柜门关闭图

纵道岔试验良好后,销记交付使用。

### 5. 小结

(1)分组汇报完成情况。
(2)点评当日作业、安全情况。
(3)布置遗留问题的处置、盯控任务。
(4)填写集中检修相关记录。

完成作业后,需进行相关考核,评分表如表 4.6 所示。

### 表 4.6　联锁设备维护项目考核评分表(二)
(　　年　　月　　日)

学号：　　　　姓名：　　　　班级：　　　　任课教师签字：

| 序号 | 考核项目 | 标准分 | 扣分原因 | 扣分 |
|---|---|---|---|---|
| 1 | 工具、材料、仪表齐全 | 10 | 1. 未拿电表或工具,扣2分;<br>2. 工具、材料等需要他人代为准备的,扣5分 | |
| 2 | 正确使用工具、仪表 | 10 | 1. 未校对电表是否良好,扣2分;<br>2. 电表使用挡次不对,扣2分;<br>3. 错误使用电流、电阻挡,扣5分;<br>4. 工具使用不当,扣5分 | |
| 3 | 正确要点登记 | 10 | 1. 未经同意就动手试验看现象,扣2分;<br>2. 未汇报故障现象,扣5分;<br>3. 未要点或未同意就开始检修,扣10分;<br>4. 要点范围不清楚,扣5分 | |
| 4 | 正确按流程作业 | 20 | 1. 需别人指助拿电表、图纸及查阅图,扣5分;<br>2. 思路混乱、无头绪,扣5分 | |
| 5 | 安全操作 | 20 | 1. 操作或摆放不当造成设备、工具、仪表等损坏,扣10分;<br>2. 操作不当造成熔断器烧毁,扣10分;<br>3. 使用封连线等违章手段处理故障,扣10分 | |
| 6 | 作业 | 20 | 1. 未试验,扣2分;<br>2. 未销点,扣5分;<br>3. 未汇报,扣2分 | |
| 7 | 团队合作 | 10 | 未参加团队工作,此项0分 | |
| | 合计 | 100 | | |
| | 合计得分 | | | |